ROMA SACRA

1ère pièce

«Si l'Œuvre loue le Maître,
c'est que Dieu l'a bénie»,

et comme signe et gage de cette bénédiction du
Très-Haut, Nous accordons à tous les «maîtres»,
c'est-à-dire à tous les collaborateurs de cette
œuvre vraiment magistrale, la bénédiction apos-
tolique, avec le souhait que «ces pages de Roma
Sacra, consacrées à la gloire de Rome chrétienne
soient, pour les pèlerins revenus à leur foyer un
souvenir aimé des trop courtes et belles heures
vécues là-bas et, pour tous ceux à qui ce bonheur
n'a pas encore été donné, un avant-goût de
cette jouissance désirée et un appel à hâter leur
visite à l'incomparable Capitale de la Chrétienté,
Roma Sacra.»

21. XI. 24

Pius PP. XI

Pius pp XI

L'UNIVERS VU EN COULEURS I

ROMA SACRA

ROMA SACRA

EDITION D'ART
152 REPRODUCTIONS PHOTOTYPIQUES EN COULEURS
AVEC UNE INTRODUCTION DU P. PIERRE SINTHERN S. J.
TRADUITE PAR LOUIS BARDE

«ROMA SACRA»

5 RUE LAURISTON   PARIS   RUE LAURISTON 5

MAISON D'EDITION UVACHROM-UNION S. A. POUR
LA PHOTOGRAPHIE EN COULEURS · VIENNE (AUTRICHE)

MCMXXV

INTRODUCTION

ROMA SACRA est le premier volume d'une série d'études d'art que la maison d'édition Uvachrom-Union se propose d'offrir au grand public. De l'avis unanime des connaisseurs, elle est des plus qualifiées pour cette œuvre: on loue sans réserves, dans ses reproductions artistiques en couleur, l'exactitude du coloris, le fondu des nuances, le rendu parfait de l'original. Quel emploi plus digne de ces hautes qualités techniques, que la glorification de la Rome chrétienne, «*Roma Sacra*»? Nous sommes certains que le monde catholique saura gré à l'éditeur de l'avoir tenté, et voudra à la fois participer à son effort et en faire profiter un large cercle de lecteurs en aidant à la diffusion du volume.

Les richesses d'art de la Rome chrétienne sont telles qu'il a fallu, non sans regret, limiter strictement son choix. Le présent volume n'offrira donc qu'un nombre relativement restreint — encore qu'assez considérable — de reproductions: celles-ci néanmoins suffiront pour donner une pleine intelligence de la Rome chrétienne.

Pour y aider, nous avons jugé opportun de retracer en un rapide exposé, sous forme d'introduction, les grandes lignes de son histoire: à travers elles, transparaîtront les traits essentiels et comme la physionomie de son âme.

LA ROME ÉTERNELLE. Plus de vingt-cinq siècles d'histoire sont pour ainsi dire mêlés à la poussière et aux ruines de cette ville incomparable. Ville qui ne survit pas seulement dans les récits des historiens, mais beaucoup plus dans tous les souvenirs qui montent de son sol, rayonnent de ses pierres et redisent sans cesse à qui passe et qui sait entendre, le langage des générations qui, durant ce long passé, vécurent, agirent et moururent là. Et si diverses furent ces générations, du paganisme aux temps actuels, qu'infiniment variés sont les traits de cette Ville éternelle, de même que son âme est extraordinairement riche et complexe. C'est quelque chose de cette richesse spirituelle que nous voudrions essayer d'exprimer.

Voici d'abord la *Rome antique*, la maîtresse du monde, l'«Empire de Fer» du prophète Daniel, dur et fort. Des monuments puissants, des ruines majestueuses disent encore ce que fut cette ancienne splendeur. Tout visiteur, pour peu qu'il sache un peu d'histoire, tout pèlerin en qui s'émeut la piété, respire au travers de ces ruines comme l'odeur des siècles écoulés et devine dans les œuvres de ces grands bâtisseurs un reflet de cette sagesse divine qui guide les destins de l'humanité. Et quand cet empire pencha à son tour vers la ruine, un Augustin, à Rome même, s'inspirait de cette grande leçon de l'histoire pour écrire son magnifique ouvrage de philosophie chrétienne, «la Cité de Dieu». Nous la comprenons mieux encore, cette leçon, nous, venus si longtemps après lui, qui avons sous nos yeux les ruines de la Rome antique: mieux que lui nous savons la loi inexorable du destin sur tout ce qui est humain; et plus majestueuses sont ces ruines, plus éloquente est la leçon.

C'est par-dessus ces vestiges enterrés ou au milieu des restes encore debout, que la *Rome moderne* déploie l'activité de sa vie bruyante. Elle garde comme un ornement ces témoins d'un passé disparu, mais elle y a tellement ajouté elle-même, que son visage de ville moderne et de capitale a pris une physionomie tout à fait à part, très caractéristique. La Rome antique appartient au passé; la Rome moderne au présent; tenant des deux, coexistante aux deux, la Rome chrétienne, *Roma Sacra*, inaltérable, inchangée, garde la fraîcheur de sa jeunesse spirituelle. Catulle, qui chanta un jour la Rome éternelle, *Roma Aeterna*, annonçait, sans le savoir, cette immortalité que le christianisme allait apporter à sa ville.

R OMA SACRA! Qui donc nous livrera le secret de la Ville sainte? Quand nous circulons à travers la Rome d'aujourd'hui, malgré son agitation de grande capitale, nous ne pouvons échapper à cette pensée, que par-dessus ces dehors tout modernes, plane comme une volonté souveraine qui atteint aux extrémités de la terre, dépassant tous les pauvres buts humains d'un gouvernement terrestre, saisissant partout ce qu'il y a d'éternel en l'homme et dans l'humanité pour le rapprocher de Dieu. Et cette force invisible, qu'on sent à Rome rayonner sur le monde, qui attire vers Rome de tous les coins du monde les regards et les cœurs, force mystérieuse dont l'origine n'est pas d'ici-bas, qu'une décision souveraine de Dieu a voulu lier indissolublement au nom et à la destinée même de cette ville, elle a nom: *La Papauté*.

Quoi donc en effet, à l'examiner de près, entraîne vers Rome les cœurs
catholiques et leur fait vénérer Rome, ville sacrée, ville sainte? D'autres villes
peuvent être aussi saintes et mériter pareil respect; ni les tombeaux des Apôtres,
des martyrs et des confesseurs, ni les catacombes où tout nous raconte les
premières années du christianisme, ni les monuments innombrables et les œuvres
d'art ne suffiraient, à eux seuls, à expliquer cette vénération pour Rome.

Le secret de cette attirance, c'est la présence de la Papauté, là, dans cette ville
où Dieu l'a établie, il y a près de deux mille ans, où depuis près de deux mille ans
le successeur de Pierre monte comme une garde d'honneur auprès du tombeau
du premier Pape, du pêcheur de Galilée, jouissant lui-même des pleins droits
remis par le Christ à son apôtre.

Quand, aux cérémonies d'une canonisation ou de toute autre fête solennelle,
dans le grandiose vaisseau de Saint-Pierre, qu'emplit une foule immense,
retentit en accords puissants le *Tu es Petrus*, signe que le Pape arrive, alors qui
l'entend est saisi, même malgré soi, d'un frisson sacré: il sent qu'il touche au seuil
d'un monde invisible mais réel, qu'il entre en contact avec une puissance supé-
rieure, d'un autre ordre que celles de la terre. Et ce sentiment-là s'attache à lui
et l'accompagne désormais partout dans ses courses à travers Rome. Partout,
devant les monuments d'un long passé chrétien comme au sein de la bruyante
vie moderne, son regard va chercher la Pierre inébranlable, sur qui le Christ a
voulu fonder son Eglise. Tout lui rappelle ce «siège principal de la charité»
devant qui le grand martyr Ignace d'Antioche s'inclinait avec tant de respect.
Partout lui apparaît la douce et forte main du Pasteur des peuples, du Père
commun des fidèles, qui au nom et par la vertu du Pasteur suprême, le Christ,
paît le troupeau qui lui a été confié. C'est cette main qui tient les clefs du
royaume des cieux, qui lie et délie sur la terre et dont le Ciel ratifie le geste
de pardon ou de condamnation. *Tout cela, les deux cent cinquante millions de
catholiques épars dans le monde le sentent, le confessent, le vénèrent; et c'est pourquoi Rome est la ville sacrée, «Roma Sacra».* Tous les souvenirs, tous les monuments de son passé chrétien ne font qu'ajouter à l'éclat et au rayonnement de
cette splendeur première.

ROME, CENTRE DU MONDE CHRÉTIEN. Aussi le croyant voit-il désormais d'un autre œil la Rome antique païenne: sans doute elle reste encore pour lui le fond pittoresque sur lequel se détachent avec plus de relief les monuments chrétiens; mais il y voit surtout la ville que la Providence destinait et préparait à devenir un jour le centre vital de la Chrétienté, le siège de la Papauté. Cette Rome, la dominatrice du monde, «le Quatrième Empire», dont sur les fleuves de Babylone Daniel apercevait déjà, dans ses visions prophétiques, la puissance à venir, elle était voulue par la Providence pour constituer le cadre terrestre où devait se déployer ce «royaume du ciel», cet «empire céleste», cet empire universel des âmes, l'Eglise, qu'apercevait aussi Daniel. A l'unité politique du monde romain, pliant sous la servitude ses sujets, allait succéder l'unité de la société universelle des âmes, l'Eglise, dont l'autorité est faite de foi consentie et d'amour. Et quand s'écroula l'Empire romain, quand de ses débris se furent reformés des Etats distincts, Rome resta la capitale et le centre du royaume de Dieu, de l'empire spirituel: car la Papauté lui restait.

Il y a contentement intime pour une âme croyante à démêler, dans les siècles qui précédèrent la chute de l'Empire, cette intervention secrète de la Providence qui menait le monde à ses fins. La civilisation antique s'était lentement mais profondément transformée: les vertus des vieux âges avaient disparu. Comme en témoigne saint Augustin par exemple, cette civilisation périssait alors de sa propre corruption. Aucun salut à espérer: elle était condamnée à descendre au tombeau bien avant même que les Barbares vinssent des forêts du Nord battre l'enceinte d'Aurélien.

Or l'Empire romain était lié par des liens trop étroits à cette forme de civilisation païenne pour n'être pas entraîné avec elle dans sa ruine. Et d'autre part, la pensée chrétienne, la civilisation nouvelle, encore dans sa première jeunesse, était trop vigoureuse et trop riche d'avenir pour se laisser envelopper dans le manteau fripé de la Rome antique: à cet être jeune et fait pour des âges nouveaux il fallait un vêtement taillé à sa mesure. Ces fils d'une race nouvelle qui, pour avoir participé au sacrifice mystique du culte chrétien offert au Dieu unique, étaient incapables désormais de s'abaisser au culte des démons, arrachèrent à la vieille Rome son manteau de prêtresse païenne. Et les dieux délaissés n'eurent plus d'adorateurs. Leurs temples peu à peu se vidèrent et restèrent à l'abandon. Tout comme le temple de pierre dédié à Rome au bord de la Voie Sacrée, cet autre temple immense qu'était en quelque sorte l'Empire païen de Rome allait subir le même destin.

L'Etat avait changé de religion, sa morale dut changer pareillement: le principe païen du Droit de la Force cédait la place à la Force du Droit. Le droit nouveau fondé sur la base inébranlable de la morale chrétienne trouvait en la Papauté un protecteur-né, qui allait déployer pour le défendre l'autorité et la puissance dont la Providence l'avait munie. Et c'est à Rome que siégeait ce gardien suprême du Droit; c'est de Rome que le regard de ce Pasteur des âmes, du Père de l'immense famille chrétienne, parcourait la terre entière, cherchant les fils confiés à ses soins. Rome devint donc tout naturellement le centre incontesté de l'humanité régénérée par le Christ, la capitale de la famille de peuples soumis au Christ, c'est-à-dire de *la République chrétienne.*

Pendant des siècles cette République chrétienne allait trouver son expression sensible dans *le Saint Empire romain, reconstitué sur une base chrétienne* par le pape Léon III, sous la direction de Charlemagne. Le pape était le chef spirituel, l'empereur, le chef temporel de l'humanité groupée en une seule famille de nations.

Mais cette œuvre grandiose ne pouvait échapper à la prise du temps. Cette unité spirituelle de la famille humaine allait-elle donc disparaître à son tour comme jadis celle de l'ancienne Rome? La Providence y pourvut. Elle disposa si bien le cours des choses qu'apparut à tous la nécessité d'assurer au Pape, dans l'administration de sa charge spirituelle, une pleine indépendance, garantie de la confiance des peuples en son impartiale autorité. L'empereur Constantin fit donc au Pape de riches donations, qui s'accrurent tout au long des siècles par les libéralités accumulées des chrétiens: dès le VI* siècle, le Pape était le plus grand propriétaire terrien d'Italie. Il put en conséquence jouer à l'égard du peuple son rôle naturel de bienfaiteur et de protecteur. Rôle d'autant plus nécessaire qu'alors l'Italie était en butte aux invasions des Lombards, soumise à de dures épreuves, et que les empereurs de Constantinople non seulement lui refusaient tout secours, mais par la sotte querelle des images et leur opposition à la Papauté ajoutaient encore au trouble des esprits et à la désunion des cœurs. La population de Rome se tourna d'instinct vers le Pape, son protecteur naturel, et n'attendit que de lui le secours. Le Pape releva les murailles de Rome, leva une armée pour sa défense. *En fait, le Pape était déjà depuis longtemps le vrai souverain de Rome,* quand Pépin

le Bref et Charlemagne lui reconnurent ce titre. Mais désormais un des premiers
et des plus sacrés devoirs du nouvel empereur d'Occident, choisi et couronné par
le Pape, était de défendre le domaine temporel du Saint-Siège.

Il ne fut pas rare au cours des siècles, alors surtout que cette protection de
l'empereur faisait défaut ou s'avérait trop précaire, que la noblesse romaine
disputât au Pape l'exercice de l'autorité. Les empereurs d'Occident eux aussi,
les Hohenstaufen en particulier, hantés par le souvenir de l'ancienne autocratie
impériale, firent valoir de prétendus droits sur Rome et opprimèrent durement
la Papauté; Rome vit souvent le sang couler dans ses rues. Mais par-dessus ce
tumulte des appétits humains, le Pape garda toujours inviolés son titre et sa
fonction de chef de la famille chrétienne des nations.

L'AME CHRÉTIENNE DE LA ROME NOUVELLE. Rome faisait donc
figure nouvelle dans le monde: de capitale de l'immense Empire des
Césars, elle s'était transformée en siège d'une Autorité spirituelle plus
universelle encore. Ce changement profond ne pouvait pas ne pas avoir de
contre-coups sur la marche même de l'histoire. Entre-temps donc, sans bruit
mais sans arrêt, une transformation sensible s'opérait dans la physionomie
même de la ville: de plus en plus s'y reflétait son âme chrétienne profonde;
de plus en plus elle prenait forme de capitale de l'Eglise catholique elle-même.
Et ce qui avait à la fois permis et amené cette transformation extérieure, c'était
le changement intime précédemment opéré dans les âmes de ses habitants. La
population de Rome s'était en effet graduellement imprégnée de l'esprit et des
mœurs chrétiennes; l'aspect nouveau que revêtait la ville manifestait simplement
le changement des cœurs.

Considérons un instant *cette formation d'une société nouvelle, société chrétienne, au sein de l'ancienne capitale du paganisme.*

Rome alors à l'apogée de sa puissance, régnait sur le monde, reculait sans
cesse ses frontières au nord et à l'est, quand dans son propre sein, sans qu'aucun
des maîtres du jour daignât y prêter la moindre attention, apparut et grandit
la race nouvelle des fils de l'Esprit, nés du baptême, la race que la Providence
destinait à porter dans les temps nouveaux les destinées de la Ville. Par
inspiration divine, selon le mot du pape saint Léon le Grand, l'apôtre Pierre

dirigea ses pas vers Rome. Il y fonda des chrétientés florissantes, dont la foi vivace leur valait les si beaux éloges de saint Paul dans la lettre qu'il leur adressa. Ces deux grands apôtres et après eux, à leur exemple, d'innombrables confesseurs de la foi arrosèrent de leur sang le sol de la Rome païenne et le consacrèrent en quelque sorte au Christ. Tous ces héros de la foi, connus et inconnus, que le monde chrétien vénère, attendent, couchés sous la terre romaine, le jour triomphal de la résurrection. *Morituri te salutant.* «Ceux qui vont mourir te saluent», criaient jadis les gladiateurs du cirque au César qui présidait les jeux ... *Resurrecturi te salutant*, «Ceux qui ressusciteront un jour te saluent avant de mourir», criaient au même César, en descendant dans l'arène, les chrétiens condamnés aux bêtes.

Ce n'est pas sans un dessein secret de la Providence qu'ont pu nous être conservées jusqu'à ce jour, le long des grandes voies impériales, dans les faubourgs de Rome, les vieilles *catacombes* avec leurs tombeaux, leurs inscriptions innombrables, leurs décorations et images, témoins presque contemporains et singulièrement éloquents de la foi que prêchait Pierre. Là, dans les excavations élargies en chapelles, sont étendus encore les sarcophages qui renfermaient autrefois les ossements des martyrs. Là, de grandes cuves baptismales nous disent la naissance à la foi de tant de premiers chrétiens. Toute une suite de peintures, symboles de l'Eucharistie, malheureusement presque effacées à cette heure, nous rappellent, dans les catacombes de Calliste, — dans d'autres catacombes aussi — la foi de l'Eglise primitive à ce grand mystère. Aux voûtes, aux parois, sur les sarcophages de pierre, l'image du Bon Pasteur, si douce au cœur des premiers chrétiens, nous invite à la confiance. D'autres représentations du Christ, des scènes de sa vie mêlées aux grands personnages de l'Ancien Testament qui le préfigurèrent, ornent les corridors souterrains et les chapelles.

Emergeant en quelque sorte à l'aube même de notre foi, dès la première moitié du deuxième siècle, la plus ancienne image de la Mère de Dieu, Marie avec son Enfant, offre ses traits vénérables sous la lumière tremblante des bougies, au pèlerin des catacombes de Priscille. Cette image est d'ailleurs fréquemment reproduite aux catacombes, dans les âges suivants, en particulier dans la scène de l'Adoration des Mages. Parmi les saints, Pierre et Paul sont le plus souvent figurés: on les voit debout près du Christ, qu'ils encadrent, ou bien accompagnant les âmes au ciel. Pierre est représenté recevant du Christ la Loi, ou assis sur sa chaire et enseignant les nations dont il est le guide; ou bien sous la forme de Moïse faisant jaillir les eaux du rocher. Bref, collection unique des souvenirs les plus précieux et les plus authentiques des tout premiers âges chrétiens, dans la fraîcheur et la vitalité de leur foi.

Le travail mystérieux accompli dans les âmes pendant que sévissaient les persécutions et que coulait le sang des martyrs, allait bientôt se manifester au grand jour. *L'Edit de Milan* (313) donne enfin la paix et la liberté aux chrétiens. Et du coup peut remonter en pleine lumière, du monde souterrain où la persécution l'enfermait, la jeune Eglise du Christ. La figure même de la Ville désormais se transforme peu à peu: *chez elle, l'Eglise a établi le siège de sa puissance maintenant incontestée; dans ses murs, attirant tous les regards, est fixée la Papauté.*

De ce double privilège Rome est redevable à l'initiative hardie du premier empereur chrétien, Constantin. Celui-ci fit donation au pape Silvestre du palais du Latran, qui depuis lors jusqu'à l'exil d'Avignon, servit d'habitation aux Papes. Si parfois ils établirent leur résidence ailleurs, ce fut en passant, à l'occasion de réparations ou pour toute autre raison accidentelle. A côté du Latran, Constantin éleva l'église du même nom, consacrée au Rédempteur, qui aujourd'hui encore porte fièrement inscrite sur son fronton l'inscription: «Mère et Tête (Mater et Caput) de toutes les églises de Rome et du monde entier». Par les soins du même empereur s'édifiait le long de la voie Aurélienne la magnifique basilique de Saint-Pierre, dont l'autel recouvrait l'emplacement du tombeau de l'Apôtre, comme le recouvre encore aujourd'hui le splendide Dôme de Saint-Pierre, qui a succédé à la basilique primitive. Constantin n'oublia pas saint Paul: sur le chemin d'Ostie, au lieu où l'infatigable apôtre des Gentils avait, après son martyre, trouvé enfin son premier repos ici-bas, l'empereur fit bâtir une basilique qui, au IV⁵ siècle, fut reconstruite complètement par les ordres des empereurs Valentinien II, Théodose et Arcade.

LES GRANDES PÉRIODES DE L'HISTOIRE DE ROME CHRÉ-
TIENNE. Après les empereurs, les Papes furent les grands bâtisseurs
de Rome, surtout les Papes du XVIe siècle: grâce à eux la ville acquit
cet aspect si particulier, qui recouvre et masque jusqu'à l'effacer en
bien des endroits, sa physionomie d'ancienne ville païenne. En examinant à
grands traits ce que le moyen-âge, à ses débuts puis un peu plus tard, et après
lui les temps modernes, ont élevé dans Rome de monuments et d'œuvres d'art,
nous pénétrerons mieux l'esprit et comme l'essence de cette Rome Sacrée que
ce livre entend glorifier; nous acquerrons aussi une meilleure intelligence des
gravures ici réunies.

ANTIQUITÉ CHRÉTIENNE ET DÉBUT DU MOYEN-AGE. Dans cette
rapide revue historique, ce qui nous frappe et nous attache d'abord, c'est, tout
à l'origine, *le mouvement puissant qui de la Rome païenne va faire une cité chrétienne*. Voici en effet que partout croulent les temples des faux dieux et que, sur
leurs débris dispersés, s'élèvent d'innombrables églises chrétiennes.

A quoi attribuer la fin du culte des idoles? Ni Constantin, ni les chrétiens ses
sujets n'ont jeté à bas les temples païens et les monuments antiques. Les bandes
des Goths et des Vandales ont fait par contre dans Rome d'énormes ravages et
livré aux flammes plus d'un édifice public. Néanmoins ils n'avaient ni le temps
ni le goût de démolir de fond en comble. Les chrétiens ont pu prendre quelques
débris de temples, colonnes et pierres sculptées, pour s'en servir dans l'édification
de leurs églises, mais qu'est cela en proportion du nombre des monuments anciens?

Voici plutôt ce qui arriva. Les temples, fermés faute de fidèles, furent aban-
donnés à leur sort. L'Etat, accablé de charges, était bien trop pauvre, l'eût-il
voulu, pour subvenir à leur entretien ou à leur réparation. Les habitants de
Rome, pressés d'élever des murailles devant les barbares qui approchaient, ne
regardèrent pas au choix des matériaux. Quand l'envahisseur assaillit le mausolée d'Adrien — aujourd'hui Château Saint-Ange —, ils brisèrent en morceaux
les statues de marbre qui l'ornaient et les jetèrent sur l'assaillant; et plus d'une
fois par la suite, pareil fait se renouvela. Inondations et tremblements de terre
au cours de l'histoire accumulèrent encore les ruines. Bientôt on prit l'habitude
commode de puiser dans ces amas de matériaux tout prêts comme dans des
carrières, de jeter dans les fours à chaux les statues de marbre. L'époque de la

Renaissance tant vantée continua l'œuvre de destruction: à orner ses palais elle employa elle aussi les gros blocs de travertin du Colisée. Durant la même période, de sanglants combats se livraient dans Rome entre familles nobles. Les édifices antiques, transformés en forteresses, subissaient eux aussi les représailles des vainqueurs.

Des temples païens innombrables étaient la parure de Rome: *quelques-uns seulement ont été transformés en églises*. Tel par exemple, la basilique de Sainte-Sabine édifiée en 425 sur l'Aventin par le prêtre Pierre d'Illyrie sur l'emplacement d'un temple dédié à Juno Regina; tel encore le Panthéon, que le pape Boniface IV reçut en hommage, en 609, de l'empereur Phocas et qu'il consacra à la Vierge, sous le titre de Sainte-Marie des Martyrs. On mit moins de réserve à utiliser pour des églises *d'anciens édifices profanes:* Sainte-Marie l'Antique fut installée dans la bibliothèque fondée par Tibère près du temple d'Auguste; Saints-Côme-et-Damien, dans un local affecté à l'administration du cadastre municipal; l'Eglise des Saints-Cyr-et-Jean, aujourd'hui Sainte-Passera, dans un ancien mausolée; Sainte-Marie-in-Cosmedin, dans un ancien grenier à blé; citons surtout Saint-Adrien-au-Forum, que le pape Honorius I (625—638) éleva dans l'antique salle des séances du Sénat romain, d'où l'on avait déjà auparavant, en 382, sur les instances de saint Ambroise, enlevé l'emblème païen de l'Empire, l'autel de la déesse Victoire.

On supposerait à tort qu'en dehors des nécessités pratiques, les considérations qui guidaient la nouvelle Rome dans l'édification de ses basiliques fussent inspirées de je ne sais quel sentiment de violence vengeresse contre le paganisme. Non; *on voulait avant tout faire revivre dans des églises de pierre le souvenir des origines chrétiennes et des lieux chers à la tradition.* Jadis, dans les catacombes, on célébrait en cachette les saints mystères sur les tombeaux des martyrs; on voulait qu'à présent, *au-dessus de ces mêmes tombeaux,* se dressassent dans la pleine lumière du jour de magnifiques basiliques ou de modestes oratoires. Et c'est pourquoi, dès les premières années de sa jeune liberté, sous le règne même de Constantin et de ses successeurs immédiats, l'Eglise bâtit les basiliques de Saint-Pierre et de Saint-Paul, celle des Apôtres, consacrée aux deux mêmes saints au bord de la voie Appienne (aujourd'hui Saint-Sébastien), celles du saint diacre Laurent et de la jeune martyre Agnès.

18

Sur l'emplacement de maisons où avaient habité des martyrs furent édifiées les églises de Saint-Clément, au pied du mont Cœlius, de Sainte-Susanne sur le Quirinal, de Saint-Chrysogone sur la rive droite du Tibre, des Saints-Jean-et-Paul sur le Cœlius. Plusieurs autres églises sont rattachées au séjour de Pierre à Rome: par exemple Sainte-Prisca sur l'Aventin, Sainte-Pudentienne sur le Viminal, ainsi nommée aujourd'hui d'après la fille d'un sénateur Pudens, chez qui Pierre avait habité; pareillement l'église dédiée à une sœur de la même Pudentienne, Sainte-Praxède, sur l'Esquilin; Saint-Marc et Saint-Marcel nous rappellent les noms de deux autres papes, la première au pied du Capitole, la seconde sur la voie Lata, aujourd'hui le Corso.

On voulut abriter dignement *de précieuses reliques:* sainte Hélène, mère par le sang et par la foi du premier empereur chrétien, Constantin, éleva dans cette intention une basilique appelée «Sessorienne» du nom de l'emplacement, du tribunal où elle fut érigée, «Sessorium»; c'est aujourd'hui Sainte-Croix-de-Jérusalem. Les chaînes de saint Pierre, que l'impératrice Eudoxie déposa dans l'église de Saint-Pierre-aux-Liens, bâtie antérieurement par Sixte III sur le sommet ouest de l'Esquilin, attirèrent à cette église d'innombrables pèlerins.

A en juger par son appellation d'«antique», il semble bien que Sainte-Marie-l'Antique, installée dans la bibliothèque du temple d'Auguste, est la *plus vieille église de Rome dédiée à Marie.* Après elle, fut édifiée par le Pape Libère, sur l'emplacement de la basilique privée de Sicinius la Basilique Libérienne, que Sixte III dédia à Marie après que le Concile d'Ephèse (431) eût solennellement maintenu contre Nestorius la vieille foi de l'Eglise sur la Maternité divine. Cette basilique a reçu depuis le nom de Sainte-Marie-Majeure à cause de ses proportions. On l'appelle aussi Sainte-Marie-à-la-Crèche (Sancta Maria ad Praesepe), de la Crèche du Sauveur qui y est vénérée. Enfin dans les années suivantes s'élevèrent Sainte-Marie-in-Cosmedin et Sainte-Marie-in-Domnica sur le Cœlius, Sainte-Marie-in-Trastevere, Sainte-Marie-in-Aracœli, sur l'emplacement du temple de Junon. Cette série d'édifices dédiés à Marie s'allongera notablement dans les siècles suivants.

Les autres saints eurent aussi leurs églises. Nous avons déjà cité Sainte-Sabine et Sainte-Susanne; ajoutons Sainte-Bibiane sur l'Esquilin. A saint Etienne, premier martyr, on consacra, sous le pape Simplicius (468—483) une grande église circulaire sur le Cœlius. A saint Jean-Baptiste et à saint Jean l'Evangéliste, sous le Pape Hilaire, deux oratoires au Latran; à saint Martin de Tours, sous le pape Symmaque, en l'an 500, une église sur l'Esquilin, S. Martino-ai-Monti, dédiée également plus tard aux deux bienheureux papes, Martin et Silvestre. Félix IV (526—530) bâtit une église au Forum aux saints Côme et Damien, et une autre en forme de rotonde au pied du Palatin à saint Théodore. Pélage II (578—590) rendit le même honneur au pied du Quirinal aux saints Simon et Jude. Grégoire le Grand (590—604) se fit gloire de transformer le palais de sa famille sur le «Clivus Scauri» en un monastère, dont l'église lui fut plus tard consacrée. Le VII⁰ siècle vit l'édification de Saint-Adrien sur le Forum, de l'oratoire Saint-Venance au Latran, de Saint-Georges sur la pente du Velabre. En 761 le pape Paul I, à son tour, fit de sa maison paternelle un monastère dit de Saint-Silvestre-in-Capite; vers l'an 800, Léon III rebâtit l'église des Saints-Nérée-et-Achillée; Pascal II (817—824) celles de Sainte-Cécile, de Sainte-Praxède, de Sainte-Marie-in-Domnica. Peu après, Léon IV fit de même pour la vieille église des Quatre-Saints-Couronnés et, à la place de Sainte-Marie-l'Antique en ruines, édifia de l'autre côté du Forum Sainte-Marie-la-Neuve, aujourd'hui Sainte-Françoise-Romaine. En 1001 l'empereur Othon III éleva en souvenir de son saint ami Adalbert une église sur l'île du Tibre, aujourd'hui Saint-Barthélemy-en l'Ile (all'Isola).

Dans cette revue forcément un peu sommaire nous n'avons signalé que *les plus connues* des vieilles églises de Rome *encore actuellement debout*. Elles ont évidemment dans la suite des années subi bien des transformations et des modifications avant d'acquérir l'aspect que nous leur voyons. D'innombrables églises, oratoires et couvents, remontant à ces mêmes époques, et dont l'histoire nous parle, sont pour la plupart disparus aujourd'hui. Pas de colline, pas de repli de terrain qui ne portât alors un ou plusieurs édifices chrétiens: *la Rome païenne avait donc pris complètement en quelques siècles visage de chrétienne.*

LA BASILIQUE CHRÉTIENNE PRIMITIVE. Jetons maintenant un coup d'œil d'abord sur la physionomie d'ensemble, puis sur l'intérieur de ces vieilles églises. Il convient en effet de remarquer que ces églises, Saint-Pierre, Saint-Paul, la basilique du Latran par exemple, malgré leurs vastes proportions, n'offraient pas, vues du dehors, l'aspect magnifique que présentaient les anciens temples des faux dieux: leur magnificence était au dedans.

20

Quelle physionomie avaient-elles donc, c'est-à-dire quelles formes architec-
turales revêtaient-elles? Jusqu'à la Renaissance Rome continua à bâtir toutes
ses églises *sur le plan des anciennes basiliques*. C'est en vain qu'on chercherait à
Rome, datant du Moyen-âge, quelque église véritablement romane ou gothique:
même Sainte-Marie-sopra-Minerva, n'est pas de vrai style gothique.

Le type le plus achevé de la vieille église-basilique, nous le trouvons à Sainte-
Sabine, à Sainte-Marie-Majeure, à Sainte-Marie-in-Cosmedin, mais surtout à
Saint-Clément sur le Cœlius, tant dans la partie de l'édifice qui remonte au
XIe siècle que dans les vestiges de l'église souterraine. Par devant, un portail
de petite dimension, décoré, que fermait autrefois, comme on le voit encore en
beaucoup d'églises de Rome, un rideau. Il donne entrée dans une cour découverte,
quadrangulaire, bordée sur ses quatre faces de portiques à colonnades: c'est
l'Atrium, avec au centre une fontaine, le Cantharus.

Après avoir traversé l'Atrium et un petit vestibule, on pénètre dans l'église
proprement dite par le Narthex, qui est de forme et de dimensions à peu près
semblables au vestibule extérieur. L'église possède une seule nef ou bien trois
ou cinq, que déterminent deux ou quatre rangées de colonnes. Sur les deux
rangées du milieu, délimitant la nef centrale, s'élève de part et d'autre le mur
principal où s'ouvrent de nombreuses fenêtres; un toit fortement incliné, à la
charpente visible de l'intérieur, rejoint les deux parois; au-dessous des fenêtres
de la nef centrale, partent les toits de forme identique qui recouvrent les nefs
secondaires; au sommet de la nef principale, une Abside, demi-ronde, voûtée en
demi-coupole (la «Concha», cul-de-four) fait le fond; un transept perpendiculaire
coupe parfois la grande nef devant l'abside. Au point de jonction de la nef
principale avec l'abside se déploie, en forme d'arc triomphal, l'Arcus. La façade
de la basilique, les murs des nefs secondaires et de la nef principale entre les
fenêtres, l'arc triomphal, l'abside, sont décorés de fresques et de mosaïques,
mais tout particulièrement l'arc et le fond de l'abside. Contre le mur du fond
de l'abside, au milieu, est dressé le trône de l'évêque, en marbre; à droite et à
gauche, en demi-cercle, des bancs de pierre pour les prêtres. Dans l'abside
même ou par devant, en face de la nef centrale et au-dessus du tombeau du
saint Patron, dit la Confession, où le regard peut plonger par une petite fenêtre
(«fenestelle») s'élève l'autel, en forme de table carrée en pierre, des angles de laquelle partent quatre colonnettes sur lequel repose un baldaquin, le Ciborium. Nos

grands autels modernes et nos tabernacles ne sont pas encore connus. Le Saint-Sacrement est gardé dans une colombe d'argent, suspendue par une chaînette à la voûte du «Ciborium». Aucun obstacle ne masque au peuple le prêtre qui célèbre le Sacrifice. Devant l'autel, face à l'entrée de l'église, un rectangle allongé, fermé par des balustrades de marbre («Cancelli»), est réservé aux chanteurs («Schola Cantorum»); leurs bancs s'appuient à ces grilles. Dans l'enceinte même de la «Schola» et se faisant face, deux hauts pupitres de pierre, les Ambons, l'un à gauche pour le chant de l'Evangile, l'autre à droite pour le chant des Epîtres; tout près de ce dernier, un pupitre plus bas tourné celui-ci vers le peuple, pour les chanteurs; à droite, près de l'ambon de l'Evangile, le grand chandelier du cierge pascal. Autel, Ciborium, Confession, balustrades, ambons, offrent aux artistes de larges surfaces à décorer.

Mosaïques. Examinons de plus près *l'ornementation de la basilique*. L'art chrétien primitif n'offre rien de plus beau que ses mosaïques décoratives: reproductions de figures et de scènes par l'ajustage habile de petits cubes de pierres ou de verre de diverses couleurs et de minces feuilles d'or; matériaux solides, qui presque toujours nous ont magnifiquement conservé intact jusqu' aujourd'hui, ce décor.

Voici par exemple, dans son style primitif, une scène de vendanges reproduite à *Sainte-Constance* (antérieure à 360); l'Agneau au milieu de fleurs, de fruits et d'oiseaux, dans *l'oratoire de Saint-Jean-Baptiste*, bâti par le pape Hilaire (461—468) à côté du baptistère du Latran. La transition entre ce symbolisme chrétien primitif et une figuration plus réaliste des faits, nous la trouvons à *Sainte-Pudentienne*, sur la belle mosaïque de l'abside (vers 394): tout au milieu, sur une colline, est dressée une grande croix ornée de pierreries; au pied de la croix le Christ est assis sur un trône: il enseigne, et tout autour de lui les apôtres, assis également, l'écoutent. Derrière Pierre et Paul, deux matrones sont debout, dont l'une représente l'Eglise sortie du Judaïsme et l'autre l'Eglise sortie de la Gentilité. Tout en haut planent les figures des quatre Evangélistes.

Les splendides mosaïques de la nef centrale de *Sainte-Marie-Majeure* racontent l'histoire des patriarches de l'Ancien Testament et de Moïse; celles de l'arc triomphal, de l'époque de Sixte III (432—440), reproduisent des scènes de l'enfance du Sauveur. Le Christ et les vingt-quatre vieillards de l'Apocalypse

sont figurés sur l'arc triomphal de *Saint-Paul* (époque de Galla Placidia,
440—461). Mais la plus belle mosaïque de cette période, sans contestation, celle
qu'on a bien souvent imitée dans la suite, est une mosaïque qui orne *Saints-
Côme-et-Damien*, et qui fut exécutée par l'ordre de Félix IV (526—530).
Couronnant l'arc triomphal et reposant sur une nuée lumineuse, entre les sept
chandeliers, les images symboliques des quatre Évangélistes et des vieillards,
se dresse un autel, et sur l'autel, l'Agneau mystique de l'Apocalypse. Au fond de
l'abside, dont il illumine la voûte, un Christ majestueux, à grande barbe, auréolé
de gloire; à sa droite, se tient saint Paul qui lui présente saint Côme portant
la couronne des martyrs; à gauche, saint Pierre qui lui amène les deux saints
Damien et Théodore; près de saint Côme, le pape Félix IV est debout avec,
dans ses mains, le modèle votif de l'église; de grandes palmes ombragent les
saints, et sur l'un de leurs branches se balance un phénix, symbole d'immortalité. La mosaïque inférieure s'étend en une large bande: sur un rocher,
d'où s'échappent les quatre fleuves du paradis, est debout l'Agneau de Dieu,
vers qui s'avancent, sortant de Jérusalem et de Bethléem, douze autres agneaux,
symboles des apôtres.

Le VIIᵉ siècle ne produisit pas d'œuvres d'un style aussi vigoureux. Saint-
Laurent, construit sous Pélage II (578—590), montre au centre de son arc
triomphal le Christ, ayant à sa droite les saints Pierre, Laurent et Pélage; à sa
gauche les saints Paul, Étienne et Hippolyte. L'abside de Sainte-Agnès de
l'époque d'Honorius I (625—638) est ornée d'une sainte Agnès, qu'accompagnent les deux papes Symmaque et Honorius, ce dernier portant dans sa main
l'image votive de l'église réédifiée par lui. Une petite mosaïque de l'abside de
Saint-Etienne-le-Rond, qui remonte à Théodore I (642—649), représente le
buste du Christ glorieux au-dessus d'une croix ornée de pierres précieuses; près
de lui, les saints Prime et Félicien, dont le pape Théodore fit déposer les reliques
dans cette église. La mosaïque d'un autel de Saint-Pierre-aux-Liens, de l'an 680,
représente saint Sébastien revêtu d'une riche draperie et portant une belle barbe
blanche.

Du VIIIᵉ siècle on peut signaler une mosaïque, complètement restaurée en
1743, d'après une ancienne copie, sur le mur absidal de l'ancienne salle à manger
de Léon III au Latran, qui est actuellement le mur extérieur de la chapelle de
la «Scala Santa». Elle figure la collation par le Christ de la puissance spirituelle

et temporelle à ses délégués ici-bas. Dans l'abside, le Christ apparaît au milieu de ses apôtres; au pape Silvestre qui est à ses pieds, à gauche, il remet les clefs, et à l'empereur Constantin le «Labarum»; à sa droite, Pierre donne au pape Léon III l'étole et à Charlemagne, un étendard. La mosaïque de l'arc triomphal des Saints-Nérée-et-Achillée remonte à la même époque (Léon III, 795—816): elle représente la Transfiguration du Christ, l'Annonciation, la Madone avec l'Enfant-Dieu, gardés par les Anges.

Les mosaïques absidales de Sainte-Praxède, Sainte-Cécile et Sainte-Marie-in-Domnica, exécutées sous le pontificat de Pascal I (817—824) se contentent de copier la mosaïque des Saints-Côme-et-Damien. La mosaïque de Saint-Marc, sous Grégoire IV (827—844), est un signe expressif de la décadence de cet art ornemental: sur l'arc triomphal, le Christ à mi-corps entre les Evangélistes; en dessous, deux prophètes; au fond de l'abside, le Christ bénissant, puis cinq Bienheureux et Grégoire IV avec l'image votive de l'église; en bas, l'Agneau divin environné d'agneaux, les images du Christ et des Apôtres. Le carré où s'encadre la tête de Grégoire IV («Nimbus quadratus») signifie que celui-ci est encore en vie. A Sainte-Praxède, Sainte-Cécile et Sainte-Marie-in-Domnica, Pascal I a la tête environnée d'un nimbe semblable, qu'on retrouve du reste sur de nombreuses fresques.

Fresques. Les vieilles fresques ont moins bien résisté aux injures du temps que les mosaïques. Celles qui sont le mieux conservées le doivent à ce fait, qu'enterrées jadis avec les murs des églises, elles n'ont été remises au jour qu'en ces dernières années. C'est le cas par exemple pour les fresques des cryptes de Saint-Clément, Saints-Jean-et-Paul, Saint-Saba, Saint-Chrysogone et pour celles de Sainte-Marie-l'Antique, retrouvée sous les ruines de Sainte-Marie-Libératrice. La crypte de Saint-Clément et l'église de Sainte-Marie-l'Antique en particulier constituent de vrais musées de fresques du haut moyen-âge. Cette dernière église nous montre mieux que toute autre, avec quel zèle les générations successives s'appliquaient à embellir et enrichir les églises; c'est elle qui nous donne l'idée la plus approchée de la décoration intérieure, si variée et si riche, des basiliques primitives.

A Sainte-Marie-l'Antique on peut suivre les traces de la production artistique depuis la fin du V⁰ siècle jusque vers le milieu du IX⁰. De nombreux moines grecs s'étaient réfugiés d'Orient à Rome pendant les troubles des Iconoclastes. Ils habitaient en compagnie de moines latins dans le couvent attenant à Sainte-Marie-l'Antique: leur influence s'y révèle dans les peintures. Le pape Jean VII (705—707), fils d'un certain Platon, administrateur du palais impérial du Palatin, habitait tout à côté de Saint-Marie-l'Antique; il en fit comme sa chapelle domestique.

Ces débris de fresques, d'ailleurs en assez piteux état à cette heure, n'ont pas qu'un intérêt artistique. C'est ainsi que sur le fronton du «Presbyterium» on a relevé jusqu'à cinq couches superposées de peintures à fresque. La couche inférieure n'est autre que la décoration murale de la Bibliothèque du temple d'Auguste, dans les murs de laquelle, avons-nous dit, a été bâtie Sainte-Marie. La couche qui vient au-dessus laisse reconnaître les traits d'une superbe Mère de Dieu, »Maria Regina», de la fin du Ve siècle. Par-dessus apparaît une belle tête d'ange, appartenant à une Visitation du commencement du VIe siècle. La quatrième couche est postérieure d'un siècle, du temps de Martin I (649—655): pour protester contre l'hérésie des monothélites, récemment apparue à Byzance, ce pape avait fait peindre quatre Pères de l'Eglise, portant dans leurs mains des textes extraits de leurs œuvres, où on lisait la condamnation par avance de l'erreur nouvelle. C'étaient un latin, Léon le Grand et trois grecs, Grégoire de Nazianze, Basile et Chrysostome. Sur le mur gauche de l'abside une peinture de la même époque montrait le Christ montant au Calvaire: seules, les croix du Sauveur et des deux larrons se voient encore nettement. De cette même époque encore, sur la face des piliers regardant la nef, datent un saint Démétrius, une Annonciation, que recouvre une peinture plus récente de la même scène, puis un évêque, un clerc, un soldat, le Christ avec Jean-Baptiste et enfin Marie intercédant pour les hommes, représentation byzantine qui apparaît ici pour la première fois en Occident. A Martin I, ou du moins à quelque autre dignitaire du VIIe siecle, la chapelle à gauche de l'entrée est redevable d'une peinture, malheureusement très passée, figurant les Quarante Martyrs.

La plupart des peintures qui enrichissent Sainte-Marie-l'Antique sont dues à la munificence de *Jean VII*. De ce pape viennent: l'image de saint Léon I, les médaillons de quelques saints orientaux, la Descente aux Enfers et l'image de Marie sur la paroi extérieure de la chapelle des Quarante-Martyrs; la descente aux enfers dans le passage qui monte au Palatin; la Madone géante dans la grande niche de l'atrium, où jadis était peut-être peinte une Minerve; Eléazar et les sept frères Macchabées avec leur mère, beau portrait de matrone; la guérison de l'aveugle-né, sur la paroi d'une colonne; au-dessus des Macchabées, Marie assise sur un trône; sur un pilier, la plus récente des deux Annonciations peintes l'une sur l'autre, puis Marie avec son Fils debout. Du même pape Jean VII, encore: les peintures des murailles de la «Schola Cantorum»: Judith et la scène d'Ezéchias; la chapelle à droite du «Presbyterium», magnifiquement décorée, avec une superbe tête de l'apôtre saint André qui fait penser au Moïse de Michel-Ange et une sainte Anne avec Marie enfant.

La peinture principale de l'abside est ici encore une «Maria Regina», Marie représentée en Souveraine, entre les deux apôtres Pierre et Paul. Sur la paroi qui surmonte l'abside, une magnifique *Adoration du Christ en croix:* au centre le Christ sur la croix, encore en vie; Marie et Jean sont à ses pieds; un peu au dessus, à droite et à gauche, un Chérubin et un Séraphin en larmes, pourvus de six ailes, debout sur une roue de feu; devant la croix, en adoration, de chaque côté, un Archange en vêtements de pourpre, des chœurs d'Anges vêtus de blanc; enfin à l'extrémité de droite, le soleil, de gauche le croissant de la lune. Au-dessous court une longue inscription de dix lignes: des passages de l'Ancien Testament qui ont trait à la Passion du Sauveur. Plus bas, dans l'espace rétréci où commence la courbe de l'arc, étaient représentés de chaque côté deux Pères de l'Eglise et deux Papes, dont Martin I avec l'auréole des saints et Jean VII avec le nimbe carré. Enfin, fermant le tout, un peu au-dessus de la base du mur, l'inscription dédicatoire de Jean VII à Marie.

Après la mort du pape Jean VII, qui survint au bout de deux ans de pontificat, le pape *Zacharie* (741—752) poursuivit cette œuvre. Dans la chapelle située à gauche du «Presbyterium», on ne découvre pas moins de trois fois son effigie. Théodote, primicier de l'Eglise, oncle du futur pape Adrien, et qui avait sur Sainte-Marie-l'Antique un droit spécial de regard, concourut largement à ces embellissements: son portrait orne également la chapelle. Mais la plus belle peinture est incontestablement, dans la niche d'un autel, *une Crucifixion.* Le Christ est encore vivant. Au pied de la croix, Marie et Jean sont debout, avec Longin armé de sa lance et le centurion. En dessous, Marie est représentée une fois de plus avec son divin fils, entre les saints Pierre et Paul comme gardes d'honneur. C'est la même scène que dans l'abside principale. Et nous retrouvons cette même peinture encore reproduite sur le mur latéral de la chapelle, qui est d'ailleurs totalement recouvert d'épisodes du martyre du jeune Quiricus et de sa mère Juliette. Sur le mur de façade, quatre martyrs anonymes, «dont Dieu seul connaît les noms». Toutes les peintures qui nous viennent de Jean VII n'ont pas une égale valeur d'art; celles qui datent de Zacharie et au-delà sentent déjà la décadence.

Paul I (757—767) continua la décoration de Sainte-Marie-l'Antique. L'abside, telle qu'elle nous est parvenue à ce jour, nous montre Paul I présenté au Sauveur par la Très Sainte Vierge. La nef latérale de gauche offre deux séries de sujets tirés de l'Ancien Testament, de l'histoire du premier Joseph en Egypte, semble-t-il; plus bas, le Christ sur son trône environné d'une troupe de saints; une décoration en forme de tapis encadre par en bas ces peintures. Les inscriptions qui accompagnent les scènes de l'Ancien Testament, scènes auxquelles vraisemblablement devaient correspondre sur le mur d'en face des scènes du Nouveau Testament, sont en latin, les noms des saints en grec. La nef de droite nous a conservé une précieuse peinture: *les trois saintes mères avec leur enfant:* Marie avec Jésus, Anne avec Marie, Elisabeth avec Jean-Baptiste. Une effigie de Marie, près de l'entrée, présente pour la premières fois le monogramme grec du nom de Marie.

Adrien I (772—795) conserva à Sainte-Marie-l'Antique l'attachement dont son oncle Théodote lui avait donné l'exemple. C'est son saint Patron qui le présente, sur une peinture de l'atrium, à «Maria Regina». A lui est due, dans la chapelle des Quarante-Martyrs, la «Gloire» des martyrs, puis le beau motif décoratif aux couleurs encore si fraîches, qui couronne la scène du martyre, également la magnifique tête d'Abbacyrus dans la niche à gauche de l'Atrium.

Les images des saintes Cécile et Agnès, dans la niche de gauche à l'entrée de l'atrium, nous amènent au pontificat de *Pascal I* (817—824). La scène des tentations de saint Antoine, dans la grande niche sur le mur en face, a été peinte au X⁰ siècle. Elle témoigne d'une très sensible décadence artistique. A cette époque, l'atrium seul était en bon état; on l'avait transformé en église dédiée à Saint-Antoine. Sainte-Marie-l'Antique elle-même était en ruines. Pour la remplacer et continuer le culte de Marie traditionnel dans le Forum, Léon IV édifiait sur la Voie Sacrée Sainte-Marie-la-Neuve, maintenant Sainte-Françoise-Romaine.

Dans la crypte de *Saint-Clément* laissons de côté les vieilles fresques, qui ressemblent à celles de Sainte-Marie-l'Antique, pour nous arrêter à celles d'une date un peu postérieure: d'abord une Assomption due à Léon IV (847—855), puis, juste à l'entrée du narthex, à gauche, le Christ sur son trône, entre les archanges Michel et Gabriel; les saints Clément et André lui présentent un évêque agenouillé, qu'accompagne un autre évêque debout: c'est *le tombeau de l'apôtre des Slaves, saint Cyrille*, qui lors d'un voyage à Rome en compagnie de son frère Méthode, mourut dans cette ville et fut enterré à Saint-Clément. Les deux missionnaires avaient apporté d'Orient les reliques de saint Clément, à qui l'église est dédiée: l'une des peintures représente la translation de ces reliques dans l'église Saint-Clément par le pape Nicolas I (858—867). La dévotion à saint Alexis, que glorifient un certain nombre de peintures, prit à Rome vers la fin du X⁰ siècle un grand développement; une colonie de moines grecs s'était établie sur l'Aventin et avait dédié à saint Alexis la vieille église du martyr saint Boniface: les peintures de Saint-Alexis sont donc postérieures à cette date. L'air de fraîcheur et de jeunesse qui les distingue annonce l'approche d'une ère nouvelle: nous sommes en effet sur le seuil du Moyen-âge.

Sᴄᴜʟᴘᴛᴜʀᴇ. La sculpture du haut Moyen-âge mérite une étude particulière, d'autant que le trait caractéristique de ses œuvres, abondamment représentées encore aujourd'hui à Rome, n'a pas été jusqu'à présent assez nettement mis en lumière. Pour orner les autels, les balustrades, les ambons, on s'inspira d'abord des modèles antérieurs, tout spécialement de ceux qu'offraient les sarcophages. On peut le constater par exemple à Saint-Clément sur les balustrades du chœur (époque de Jean II, 533—535) et certains vestiges analogues dans les dépendances de Saint-Pierre. Le relief y est encore fortement accusé, mais graduellement on l'abandonne pour en venir à des sculptures à relief à peine marqué.

Deux caractères essentiels distinguent la sculpture de cette période. Ils apparaissent tout particulièrement au temps des Carolingiens: c'est la prédominance absolue du nombre trois dans l'exécution des motifs et la limitation volontaire, conséquence d'ailleurs de cette formule première, à un nombre restreint de modèles. Toute la sculpture de cette époque paraît être dirigée à la glorification de la Sainte Trinité.

Dès le début nous rencontrons quelques échantillons isolés de cet art d'ornementation trilinéaire, par exemple à Saint-Clément. Nous en devons un au prêtre Mercure, qui plus tard devint pape sous le nom de Jean II; c'est un beau chapiteau à sculpture fortement fouillée, sur qui s'appuyait jadis le haut du Ciborium. Un travail du même genre en forme de natte se retrouve dans la balustrade du chœur et est dû au même pape. Dans les ouvrages de vannerie, les brins d'osier ne sont généralement pas entrelacés un à un, mais par faisceaux de deux ou trois: précisément, dans les deux œuvres citées, nous constatons cet enlacement des lignes ou brins par groupes de trois. Peu à peu ce nombre fixe devint *une formule artistique si générale* que la caractéristique de cet art, c'est d'être *«à ornementation trilinéaire»*.

Pour obéir à la loi trilinéaire, on choisit de préférence les motifs qui se laissent plus aisément représenter par trois lignes accolées en relief: traits droits ou courbes, cordons, boucles, entrelacs, tresses, etc. Chaque brin des tresses se compose de trois filets: la tige de la fleur de lis — motif si fréquent — et de la palmette aux formes souvent originales, comme chaque pétale de lis, chaque feuille de palmette ou de vigne, tout est composé de trois filets en relief. On emploie souvent un système décoratif de petits arcs, dont chacun est formé de trois lignes accouplées et qui souvent s'accolent simplement, souvent aussi s'appuient sur des colonnettes formées de trois lignes. Grands et petits arcs, ainsi que les bras de la croix sont également soumis à la loi trilinéaire par l'imposition d'une tresse à trois lignes.

Il est dû une mention spéciale à *la croix*. A la place de la couronne de feuillage qui auparavant entourait la croix, comme aussi le monogramme du Christ, nous trouvons à présent une tresse à trois lignes, qui souvent se prolonge à l'intérieur même de la couronne sous forme de deux diamètres perpendiculaires remplaçant ainsi la croix. Un motif très rare dans l'art antérieur, mais dont on trouve des exemples innombrables dans l'art nouveau est un lacet trilinéaire dessinant le contour d'une croix. La variété dans l'emploi de ce motif mérite attention. Qu'on multiplie ce motif, qu'on l'accole indéfiniment et l'on obtient alors comme un canevas fait de mailles rondes ou quadrangulaires. Dans les mailles quadrangulaires, qui peuvent aussi être formées par des tresses, se trouvent des lis, des croix, des rosettes, des colombes, des grappes de raisin, des feuilles de vigne et d'autres motifs semblables; souvent aussi dans les mailles circulaires. Cependant les canevas circulaires sont souvent aussi traversés, soit par un second canevas tout pareil, soit par un système de losanges, soit par un assemblage savant de demi-cercles et de courbes en «S».

Le plus généralement, la croix est placée comme motif principal, sous un arc porté par deux colonnettes, le tout, croix avec colonnes, recouvert d'entrelacs à trois lignes. C'est encore une croix qui constitue la partie essentielle de la décoration que Stückelberg a appelé «à fond de panier»: la croix, formée d'un simple croisement des lignes, s'y entoure d'une couronne et en outre, au milieu, présente un cercle où s'inscrit soit une rose, soit le monogramme du Christ, soit un aigle ou un motif semblable; dans la couronne extérieure s'inscrit un carré. Le plus bel exemple de ce genre de décoration se voit à Sainte-Sabine, où on le retrouve également sans cercle intérieur et sans carré inscrit. Peut-être le motif de cette décoration a-t-il été fourni par le pavage en mosaïque de Sainte-Marie-in-Capua-Vetere.

Le caractère symbolique de cet art décoratif à trois lignes est incontestable. Des motifs purement esthétiques ne peuvent expliquer ce nombre de Trois qui revient partout; il doit avoir sa raison dans sa signification symbolique. Sans vouloir restreindre le symbolisme du nombre Trois à la T. S. Trinité, on peut dire cependant que tout cet art semble n'être autre chose qu'un grand hymne de louange à la T. S. Trinité. De même ce n'est pas pour des raisons purement esthétiques qu'on a répété sous tant de formes et dans des assemblages si différents l'entrelacs si caractéristique en forme de croix. Dans un canevas aux Quatre-Saints-Couronnés est ménagé un espace libre en forme de croix; une longue palme remplace le montant de cette croix et, au milieu, sur la traverse, nous voyons un agneau: *représentation originale et parlante du Crucifix*, et, en même temps, *preuve décisive du symbolisme de cet art*. L'Eucharistie n'est pas moins diversement symbolisée. Du rapprochement constant de la rose ouverte ou fermée avec la grappe de raisin et la feuille de vigne ou avec le calice, on peut déduire que la rosette est bien souvent l'emblème du pain eucharistique. L'emploi fréquent, dans la décoration, d'une plante sarmenteuse nous amène tout naturellement à y voir un symbole de la vigne eucharistique; la tige montante, d'où se détachent, à droite et à gauche, plusieurs étages de branches, n'est que la figuration symbolique de cette parole du Sauveur: «Je suis la vigne; vous êtes les sarments.» La colombe, le paon qui s'abreuve, ajoutent encore au caractère symbolique de cette décoration.

D'où est sorti cet art si caractérisé? Constatons tout d'abord que tous ses éléments premiers se retrouvent dans les œuvres de l'art classique sur son déclin, tant en Occident qu'en Orient, particulièrement dans les sculptures et les pavages en mosaïque: les artistes chrétiens n'eurent qu'à les leur emprunter. Rome, en particulier présente de nombreux exemples de décoration à trois lignes, où la parenté avec les modèles classiques est évidente. Le fait qu'on trouve dans cette ville tant d'œuvres de ce genre et si peu de la période immédiatement antérieure nous permet de supposer que Rome a contribué largement à lancer cette forme d'art. Mais il est difficile de le démontrer avec preuves à l'appui: en effet, peu de ces œuvres sont exactement datées. Cette forme de décoration a été employée d'autre part, des siècles durant, et en produisant pour une même période des œuvres de valeur très inégale; surtout enfin, ainsi que l'a remarqué Mazzanti, les innombrables transformations subies par les églises de Rome rendent très difficile l'attribution à une date certaine.

Dès le commencement du VIII° siècle, la Lombardie possédait déjà des œuvres qui relèvent de ce style décoratif, tandis qu'à Rome le premier modèle certainement daté ne se rencontre qu'au temps d'Adrien I (772—795), dans Sainte-Marie-in-Cosmedin. Puis vient le Ciborium d'Ostie au musée du Latran, de l'époque de Léon III (795—816). La pleine effloraison de cet art à Rome se manifeste seulement dans la première moitié du IX° siècle, au temps d'Eugène II (824—827) (Sainte-Sabine et Sainte-Cécile), puis de Grégoire IV (827—847) (Sainte-Marie-in-Trastevere et Château-Saint-Elie, près de Népi). Sous Serge III (904—911), il atteint son plus haut point de perfection. On peut le suivre pendant tout le X° et XI° siècle, jusqu'au XII° siècle, où il se transforme en l'art plus libre des Marbriers romains.

C'est en vain qu'aujourd'hui nous chercherions des productions de cet art dans les ciboriums, les autels, les ambons, les chapiteaux. A partir du XII° siècle elles ont été remplacées par des œuvres du temps et finirent en matériaux de remblaiement. Notre époque a rendu justice à cet art; le zèle des collectionneurs a pu sauver de l'oubli maint spécimen remarquable. Dans les musées de Saint-Pierre, du Campo Santo teutonique et du Château Saint-Ange, dans le chœur près de l'orgue de Sainte-Marie-in-Cosmedin, dans le portique de Saint-Clément, de Sainte-Cécile, de Sainte-Marie-in-Trastevere, de Saint-Saba, pour ne nommer que ces monuments, on peut contempler de nombreuses œuvres de ce style décoratif. Et beaucoup d'entre elles, aujourd'hui encore, méritent de servir de modèles.

L'effet d'art de ces œuvres repose avant tout sur l'opposition des ombres et de la lumière. Elles seraient donc mal rendues par une reproduction en couleurs. Nous donnerons donc à la suite de cette Introduction les reproductions en noir et blanc d'un certain nombre d'exemples caractéristiques de l'art décoratif trilinéaire.

D U MILIEU A LA FIN DU MOYEN-AGE. Les premiers temps du Moyen-âge avaient suffi pour transformer complètement l'ancienne Rome en une ville chrétienne, digne d'être la capitale du monde chrétien. Puis, dès la fin du IXe siècle, l'activité tomba et le plein Moyen-âge était déjà révolu qu'on n'avait plus rien ajouté aux trésors d'art antérieurs.

M AIS AUX ENVIRONS DE L'AN 1000, voici que l'art à Rome se fraie de nouvelles voies. Comme œuvres de cette époque nous avons déjà signalé les fresques au coloris si frais, si vivant, de la vie de saint Clément et saint Alexis, dans l'église souterraine de *Saint-Clément*. A côté, fait belle figure le bas-relief curieux qu'Othon III consacra à son saint ami Adalbert dans l'église de *Saint-Barthélemy-en-l'Ile* (1001) : le Christ, entouré de saint Barthélemy et de saint Adalbert, a devant lui l'empereur Othon III avec le sceptre et le modèle votif de l'Eglise. Le XIIe siècle, dans ses débuts, nous a laissé l'autel-reliquaire de *Sainte-Marie-del-Priorato*, sur l'Aventin. C'est une œuvre de Jean de Venise, dont nous connaissons le nom par un montant de porte de Sainte-Marie-in-Cosmedin, où l'artiste l'a gravé en entier, tandis que sur cet autel il s'est contenté de signer JOANNES sous l'image qui représente saint Jean, ne marquant rien aux représentations des trois autres Evangélistes. C'est encore de l'art purement ornemental, mais qui a déjà rompu délibérément avec l'emploi systématique des trois lignes. Un notable progrès est réalisé avec le *chandelier pascal de Saint-Paul* (vers 1180) : mêlées à la riche décoration, apparaissent des scènes de la vie de Jésus. Les auteurs en sont Nicolas de Angelo et Pierre Vasallettus. C'est du grand art cette fois que le tabernacle de Saint-Paul, orné de nombreux personnages. Il fut exécuté par le constructeur du dôme de Florence, Arnolfo di Cambio, aidé par son collaborateur Paulus (1285). On peut rapprocher de cette œuvre le tabernacle du même artiste à *Sainte-Cécile* (1283).

Mais cette renaissance artistique fut arrêtée dans son développement par *les luttes des partis* et les rivalités sanglantes entre familles nobles pour la possession du pouvoir. On sait comment, durant certaines périodes, elles tinrent le Saint-Siège en une indigne sujétion.

La famille du pape Adrien I, l'ami de Charlemagne, jouissait déjà alors d'une grosse influence, qui vers la fin du IX⁰ siècle passa dans la famille des *comtes de Tusculum*, d'où devaient sortir les *Colonna*. Durant le X⁰ siècle, dure époque pour Rome, c'est le chef de cette famille, Albéric, qui s'impose à tous par sa vaillance et son habileté; il se nomme lui-même fièrement: «prince et sénateur de tous les Romains». Encore au XI⁰ siècle cette famille fournit trois papes, Benoît VIII (1012—1024), Jean XIX (1024—1033), et l'indigne Benoît IX (1033—1045). Comme le siècle touchait à sa fin, la famille des *Crescenzi*, qui avait transformé le Panthéon en forteresse, dispute le pouvoir aux comtes de Tusculum. Ils bâtissent la «Casa di Rienzi», que le peuple baptise «Maison de Pilate», solide édifice qui s'orne étrangement de débris entassés d'anciennes sculptures. Vers 1100 la lutte s'engage entre les *Frangipani*, fortement établis sur le Cœlius, le Palatin et l'île du Tibre, et la famille des *Pierleone*, d'origine juive, qui osa opposer au pape légitime Innocent II (1130—1140) un anti-pape en la personne de Anaclet II. Celui-ci rebâtit Sainte-Marie-in-Aracœli, Innocent II Sainte-Marie-in-Trastevere. Pendant longtemps, jusque sous Boniface VIII (1294—1303), les *Colonna* se maintinrent solidement dans la plaine qui va de la Porta del Popolo au Quirinal. Ils avaient fait du tombeau d'Auguste leur forteresse, tandis que les *Orsini* s'étaient fortifiés dans le Château Saint-Ange, les *Savelli* sur l'Aventin et le théâtre de Marcellus, les *Massimi* à l'est de la Chancellerie, où leurs descendants habitent encore.

Chaque famille avait ses *forteresses;* chaque éminence était transformée en château-fort. Et ces châteaux rivalisaient en nombre avec les églises. Le fameux Brancaleone degli Andalò, de Bologne, nommé à deux reprises sénateur par le peuple de Rome (1252—1255 et 1257—1258) ne démolit pas moins de cent quarante de ces forteresses: les monuments antiques dans lesquels elles étaient encastrées périrent avec elles. La «Maison de Pilate», la tour «des Conti», celle des «Milizie», appelée par le peuple «Tour de Néron», les tours «Anguillara», «Cantarelli», «Capocci», la forteresse des Savelli sur l'Aventin encore debout nous rappellent ces temps si violemment agités.

Les *clochers* des églises, fort nombreux à cette époque du Moyen-âge et qui ont survécu jusqu'à nos jours, furent du moins laissés à l'écart de ces rivalités meurtrières. Ils perpétuent un aspect caractéristique de la ville. Ils élèvent leur fût carré de briques aussi large en haut qu'en bas en étages successifs, parfois jusqu'à sept, que distinguent autant de rangées de fenêtres. Le nombre des étages est d'ailleurs variable, comme aussi à un même clocher le nombre et la disposition des fenêtres suivant l'étage. Voici par exemple, la tour plutôt massive de Saint-Georges-in-Velabro: à chacun des trois étages inférieurs, trois fenêtres séparées par des piliers; à l'étage supérieur, le quatrième, trois autres fenêtres, séparées par de simples colonnettes. Le clocher élancé de Sainte-Marie-in-Cosmedin a, dans chacun de ses deux étages inférieurs, deux fenêtres; au troisième et quatrième étage, trois, toutes séparées par des piliers, tandis que chacun des trois étages suivants offre trois fenêtres reliées par des colonnettes.

Une moulure généralement constituée d'une bande à dentelures régulières (à dents de scie) et d'une seconde en dessous, en forme de crête de faîtage couchée, marque la distinction des étages; un toit carré peu saillant, à pente oblique sur les quatre faces, surmonté d'une mince croix de fer, couronne le clocher.

Peut-être les architectes romains s'inspirèrent-ils pour le plan de ces clochers des tours qui garnissaient l'enceinte d'Aurélien. Déjà les sculptures sur bois des portes de Sainte-Sabine, qui remontent au début du Ve siècle, nous offrent le modèle d'une église avec deux tours carrées. En 626 le Livre des Papes fait mention d'un clocher près des Saints-Jean-et-Paul, et sous Léon IV (844—855) d'un autre clocher édifié par ce Pape près de Saint-Pierre. Mais on ignore au juste *à quelle date* attribuer les clochers dont il est ici question. Pour les uns, ils auraient été construits durant le XIIe siècle, pour les autres la période de construction commencerait sensiblement plus tôt: certains clochers subsistant actuellement remonteraient même aux premières années de la construction des églises qu'ils accompagnent. D'après ces derniers, le plus ancien clocher serait celui de Sainte-Pudentienne (VIe siècle); puis viendraient (VIIe siècle) ceux des Saints-Jean-et-Paul, de Saint-Laurent-in-Lucina, Saint-Georges-in-Velabro. Le VIIIe siècle se verrait attribuer les clochers de Saint-Laurent

34

(vers 720), de Saint-Silvestre-in-Capite (761) et de Sainte-Marie-in-Cosmedin (777); le IXe, celui des Saints-Nérée-et-Achillée (vers 800), de Sainte-Praxède et de Sainte-Cécile (tous deux de 817—824), enfin celui de Saint-Marc (831). Au Xe siècle l'on doit le clocher de Saint-Alexis; au XIe, celui de Saint-Barthélemy (1001) et de Saint-Benoît-in-Piscinula (1063), au XIIe le clocher de Sainte-Marie-in-Trastevere et celui de Saint-Chrysogone; enfin au XIVe celui de Sainte-Marie-Majeure avec la haute pyramide qui le couronne.

Œuvres d'une époque et d'un style différents sont par contre le clocher de S. Spirito (1473—1482), les deux élégants petits clochers du Latran, ceux de la Trinité-du-Mont (1570) et la tour du palais du Sénat au Capitole (1579).

AVEC LE XIIe SIÈCLE se fait jour un art décoratif tout nouveau. Ses initiateurs s'intitulent fièrement eux-mêmes: «Marmorarii Romani», littéralement, «Marbriers romains». On les désigne généralement aujourd'hui, d'après deux maîtres éminents de cette école: Cosmas père et fils, sous le nom de: les Cosmates. Ils ont exécuté les remarquables pavages en marbre existant encore actuellement, des Saints-Jean-et-Paul, de Sainte-Marie-in-Cosmedin, Sainte-Marie-in-Trastevere, Sainte-Marie-Majeure et Saint-Laurent. Egalement, de nombreux autels, ciboriums, ambons, trônes épiscopaux, grands chandeliers de Pâques, battants de portes, colonnettes, frises de cloîtres, tombeaux, le tout décoré d'une profusion d'ornements. Le nouveau style gothique y a trouvé un large et heureux emploi. Citons parmi les morceaux les mieux réussis le magnifique cloître du Latran exécuté par les Vassallettus père et fils (1222—1230) et celui de Saint-Paul par les mêmes, commencé sous l'abbé Pierre de Capoue et achevé par maître Pierre (1220—1241). Avec ces pièces maîtresses font contraste trois autres cloîtres qui remontent également au XIIe siècle, l'un à Saint-Laurent, un autre à Saint-Cosimate, sur la rive droite du Tibre, le troisième aux Quatre-Saints-Couronnés sur le Cœlius: encore que de facture assez agréable, ils supportent mal la comparaison avec les précédents.

La Mosaïque revient en honneur à cette époque et produit des œuvres fort remarquables. La façade de *Sainte-Marie-in-Trastevere* possède encore une mosaïque de 1148: au centre, la Vierge est assise sur son trône; vers elle, des deux côtés, s'avancent deux théories de cinq jeunes femmes chacune avec des encensoirs et des couronnes; sur les côtés du trône on aperçoit, tout petits, les

deux donateurs, Innocent II et Eugène III. De la même époque (1139—1153)
est la mosaïque qui recouvre la voûte et le fronton de l'abside: au-dessus de
l'arc triomphal, la croix et les sept chandeliers; tout à côté, les effigies symboliques des Evangélistes, plus bas Isaïe et Jérémie; sur la voûte même, à
l'intérieur, le Christ et Marie assis sur un trône, environnés des saints papes
Pierre, Corneille et Jules, et du martyr Calepode d'un côté, et de l'autre du
pape Calliste, du diacre Laurent et du pape Innocent avec le modèle de l'église;
au-dessous de l'inscription, l'Agneau de Dieu et les Apôtres figurés en agneaux.
On retrouve une disposition analogue sur la mosaïque de l'abside de *Saint-
Clément* (1108—1299): sur l'arc le Christ à mi-corps, entre les effigies symboliques des Evangélistes; au-dessous, Paul et Laurent, Pierre et Clément; plus
bas encore, Isaïe et Jérémie et, dans les deux angles du bas de l'arc, Jérusalem
puis Bethléem; sur la voûte de l'abside, une superbe représentation du Christ
en croix, près de qui se tiennent douze colombes, images des douze apôtres; la
croix dressée entre Marie et Jean sort d'un pied de vigne dont les rameaux vont
garnir en s'étendant toute la voûte; du pied de la croix jaillissent les quatre
fleuves du paradis, où s'abreuvent des cerfs. Tout à fait en bas on retrouve encore
des agneaux, comme à Sainte-Marie-in-Trastevere. De 1161 est la mosaïque de
l'abside de *Sainte-Françoise-Romaine:* la Madone et quatre saints, chacun sous
un arc. De 1220 est la mosaïque de l'abside de *Saint-Paul:* le Christ avec des
saints et les Apôtres. Les mosaïques de couleur plus vibrante et de décor non
moins riche qui ornent les absides du *Latran* et de *Sainte-Marie-Majeure,* sont
l'œuvre de Jacques Torriti, sous le pontificat de Nicolas IV (1288—1292), celles
de l'antique façade de Sainte-Marie-Majeure représentant le Miracle de la
Neige, sont de Philippe Rusutti (1308).

Sur les ruines d'un ancien temple de Minerve fut édifiée en 1290 par les
architectes de Sainte-Marie-Nouvelle de Florence, Fra Sisto et Fra Ristoro,
la nouvelle église de *Sainte-Marie-sopra-Minerva.*

Le chef de l'école de peinture de Florence, *Giotto,* peignit en 1300 au Latran
la scène de la proclamation du premier jubilé par Boniface VIII. Puis, dans la
sacristie de Saint-Pierre, le Ciborium, encore subsistant en partie aujourd'hui.
A lui encore est due la mosaïque de la «Navicella» ou barque de Pierre, dans le
vestibule de Saint-Pierre. Son contemporain, *Pietro Cavallini,* peignit au-dessus
de l'entrée de Sainte-Cécile un magnifique Jugement dernier, détruit en majeure

36

partie, et fit les dessins des mosaïques de l'abside de Sainte-Marie-in-Trastevere, qui représentent des scènes de la vie de la Vierge (1291).

Au XIV SIÈCLE, tandis que la Toscane vivait un renouveau de science et
d'art, le reste de l'Italie et Rome en particulier se déchiraient sauvagement en
rivalités intestines. Pour y échapper, Clément V (1305—1314) transporte le
siège de la Papauté en France, à Avignon (1308—1378). Guelfes et Gibelins,
Allemands et Napolitains, les Orsini et les Colonna se livrent de vraies batailles
pour la possession de Rome. Et Rome en subit les contre-coups dévastateurs.
Ambassades sur ambassades vont à Avignon supplier le pape de revenir à Rome.
Le chef de l'une de ces ambassades était un jeune notaire, *Cola di Rienzo* (1343).
Celui-ci, en 1347, proclama au Latran devant la noblesse et le peuple la loi
«regia» (dont le texte, qu'on peut voir au musée du Capitole, venait d'être
retrouvé): prétendant que cette loi donnait au peuple le droit d'élire
l'empereur, il s'attribua immédiatement à lui-même le pouvoir dans
Rome, en qualité de tribun du peuple et de dictateur. Mais sa suffisance,
ses prétentions insupportables, ses attaques contre les droits de l'Eglise
lui eurent en peu de mois si bien aliéné tous les cœurs qu'il fut obligé
de s'enfuir de Rome. En 1353 il repassa les Alpes avec le cardinal Albornoz,
chargé de rétablir l'ordre dans les Etats du Saint-Siège, et fut envoyé
par celui-ci avec une petite troupe de soldats à Rome, où on le reçut avec joie.
Il prit une fois encore le gouvernement de la ville au nom du pape, avec le titre
de sénateur, mais s'attira encore tellement la haine du peuple par son orgueil
qu'il fut assassiné le 8 décembre 1354. Jusqu'en 1361 le cardinal Albornoz tra-
vailla à rétablir le calme, et enfin, en 1367, sur les instances de Charles IV et
de Pétrarque, le pape Urbain V se décida à rentrer à Rome; mais le séjour
lui en parut si peu sûr qu'en 1370 il revint en France. Grégoire XI (1370—1378)
regagna Rome en 1376 et songeait à la quitter quand il mourut, en 1378. Son
successeur Urbain VI (1378—1389) fut élu à Rome; mais la même année
éclatait le funeste *schisme d'Occident* (1378—1415) dont Rome eut tant à
souffrir. Ce ne fut qu'avec l'élection de Martin V (1417—1432) qu'elle connut
enfin des temps meilleurs.

Du XIV siècle Rome n'a conservé que deux œuvres de quelque importance:
l'escalier monumental qui conduit à l'Aracœli, et le beau Ciborium gothique,

au-dessus de l'autel de la Confession au Latran, renfermant les chefs des saints apôtres Pierre et Paul. C'est Urbain V qui le fit exécuter.

LA ROME MODERNE. Avec le retour des Papes d'Avignon et la fin du schisme d'Occident commence pour Rome une ère toute nouvelle, qui enrichira la Ville Sacrée d'innombrables et inestimables trésors d'art chrétien.

Deux grandes œuvres: *Saint-Pierre* et *le Vatican*, dominent cette magnifique production artistique.

La colline du *Vatican* tout entière, mais spécialement la portion de cette colline qui fut jadis le cirque de Néron, où le chef des apôtres avait été crucifié, puis enseveli tout près de là, ainsi que beaucoup de ses successeurs, avait été de tous temps, depuis l'origine, tenue en particulière vénération par les chrétiens. Constantin, le premier, bâtit au-dessus du tombeau de Pierre une grande basilique à cinq nefs, qui plus tard s'entoura successivement de toute une couronne de chapelles. Couvents et hôpitaux vinrent s'y établir. Divers établissements ou collèges (Borghi) d'étrangers, Anglo-Saxons, Frisons, Francs, Lombards, s'élevèrent tous dans les environs de Saint-Pierre: ils étaient obligés de participer à la défense en cas d'agression subite, particulièrement des Sarrasins. Pour se défendre contre ces derniers, Léon IV (847—855) entoura toute la colline du Vatican d'un mur haut de quarante pieds et fut ainsi le fondateur de la *Cité Léonine*.

Ce n'est pourtant pas au Vatican qu'était fixé le «Patriarchium», c'est-à-dire *l'habitation ordinaire du pape*, mais au Latran, qui conserva ce privilège. Toutefois, Jean VII (705—707), comme nous l'avons vu, élit domicile près de Sainte-Marie-l'Ancienne, et Nicolas I (858—867) construisit près de Sainte-Marie-in-Cosmedin un vaste Hospitium pour lui et sa suite. Mais c'est au Vatican que le pape Symmaque (497—514) établit un «Episcopium», c'est-à-dire une maison où pouvait descendre le Pape, spécialement à l'occasion des fonctions sacrées à Saint-Pierre. Eugène III (1150) réédifia totalement cet «Episcopium»; Nicolas III lui ajouta en 1278 d'importants aménagements. Il ne prit toute-

38

fois de particulière importance qu'après le retour d'Avignon, quand les Papes s'y furent établis de façon stable.

Nicolas V, avec qui la Renaissance chrétienne monta sur le trône, forma le projet, en 1450, de *faire du Vatican le plus grand palais du monde*, d'y installer tous les services officiels de l'Eglise et les appartements privés des cardinaux. Quand il mourut, en 1455, la bibliothèque, les appartements Borgia et les «Stanze» étaient à peu près achevées. Alexandre VI (1492—1503) les compléta par la tour Borgia. Sixte IV (1471—1484) avait bâti la chapelle Sixtine et Innocent VIII (1484—1492), dans des jardins, le Belvédère, que Jules II (1503—1513) réunit au palais par une longue cour intérieure construite par Bramante; le même éleva également les «Loggie» tout autour de la cour Saint-Damase. Paul III en 1540 édifia la chapelle Pauline; Sixte V (1585—1590) la bibliothèque actuelle, en travers de la cour construite par Bramante, qui devint de la sorte le «Cortile del Belvedere» d'une part, le «Giardino della Pigna» de l'autre. Il commença en bordure de la place Saint-Pierre la demeure actuelle des papes, qu'acheva Clément VIII (1592—1605). Urbain VIII (1623—1644) entreprit sur les plans de Bernini la «Scala regia». Pie VI (1789—1799) éleva auprès du Belvédère trois salles de musée: les salles de la Croix grecque, de la Rotonde et des Muses. Pour loger les sculptures, Pie VII (1800—1815) fit construire le «Braccio nuovo», aile parallèle à la bibliothèque. Pie IX enfin (1846—1878) ferma le quatrième côté de la cour Saint-Damase par un bâtiment qui engloba le grand escalier (Scala Pia) transformé.

C'est Nicolas V encore, le hardi bâtisseur du palais du Vatican, qui décida la reconstruction totale de la vieille basilique *Saint-Pierre*. L'édifice menaçait ruine; les murs du côté gauche surtout, dont les fondations, reposant sur les maçonneries trop faibles du cirque de Néron, fléchissaient: *les plans grandioses d'une basilique nouvelle* furent établis et la construction commencée par l'abside. L'œuvre n'alla pas sans flottement. Jules III (1503—1515) adopta un plan nouveau, dû à Bramante, plan qui du reste fut à maintes reprises modifié dans la suite, et commença (1506) l'édification de la basilique actuelle, que le pape Urbain VIII devait achever plus de cent ans plus tard (1626). Du vieux Saint-Pierre ont subsisté, dans ce qu'on nomme les «grottes vaticanes» sous la basilique nouvelle, l'ancien pavage et quelques autres vestiges.

Rome se transforme. L'essor brillant de la Renaissance allait enrichir Rome *d'un grand nombre de nouvelles églises,* qui sont de nos jours l'objet d'une admiration justifiée.

Le branle est donné, en 1430, par la construction sur le Janicule de l'église et du cloître Saint-Onufre où fut un peu plus tard érigé le tombeau du Tasse. Dès 1465 les charmantes «Loggie» de Saint-Saba embellissent de leurs lignes gracieuses le petit Aventin, face au grand Aventin. Entre 1472 et les premières années du XV² siècle, sortent de terre l'église Sainte-Marie-del-Popolo, joyau de la famille de la Rovere; Santo-Spirito-in-Sassia, dans le quartier des Anglo-Saxons, avec sa ravissante tourelle de la première Renaissance; Saint-Augustin, la première église à coupole de Rome; une autre église à coupole octogonale, la belle Sainte-Marie-della-Pace; l'église si pittoresquement située de la Trinité-du-Mont; les deux églises de la nation espagnole: Saint-Jacques-des-Espagnols et Sainte-Marie-du-Montserrat.

Le XVI² siècle qui allait voir l'achèvement de Saint-Pierre, débute magnifiquement avec Saint-Pierre-in-Montorio et avec le petit temple si joliment décoré du Bramante dans le cloître attenant. Viennent ensuite l'église nationale allemande, Sainte-Marie-dell'Anima; celle des Florentins, Saint-Jean-dei-Fiorentini; celle du futur patron de Rome, Saint-Philippe Néri, l'Eglise Neuve; d'autres encore: Sainte-Marie-des-Anges, dans les thermes de Dioclétien; Sainte-Marie-de-Lorette, avec sa nef octogonale si curieuse; le Gesù, église principale des Jésuites. Citons pour finir: les précieuses «Loggie», sur une façade latérale du Latran; l'église nationale des Français, Saint-Louis-des-Français et Saint-Bernard, installée dans une tour ronde des Thermes de Dioclétien.

Du XVII² siècle méritent d'être signalées Saint-Ignace et Saint-André-della-Valle, l'église des Capucins, Sainte-Marie-delle-Concezione, avec ses quatre chapelles mortuaires souterraines bien connues; la transformation des Saints-Côme-et-Damien par surélévation du sol, ce qui lui donna cette apparence écrasée que l'on remarque à présent; Sainte-Marie-della-Vittoria, au Quirinal, avec le célèbre monument à Sainte-Thérèse, du Bernin; Sainte-Agnès, avec ses pittoresques clochers sur la place Navone.

Au XVIII² siècle reviennent la réédification de l'église des Saints-Apôtres, la façade monumentale du Latran, l'église du Nom-de-Marie, bâtie en commémoration de la défaite des Turcs à Vienne (1683).

Quant au XIXe siècle, il a rebâti Saint-Paul et édifié le tombeau de Pie IX à Saint-Laurent, l'église Saint-Joachim-in-Prati, restauré l'église nationale anglaise, Saint-Thomas de Cantorbéry et élevé le magnifique collège des Bénédictins, Saint-Anselme, avec son église, sur l'Aventin.

Pendant que s'élevaient ces églises, des *palais monumentaux* sortaient de terre en grand nombre; ils constituent de nos jours une des plus intéressantes curiosités de Rome. Nommons-en quelques-uns seulement, qui touchent de plus près à la vie de la Papauté. En 1455, le cardinal Barbo, le futur Paul II, bâtit le palais Saint-Marc, aujourd'hui Palais de Venise. Cette œuvre, dans le style de la période immédiatement antérieure, est d'un effet puissant qui la signale entre toutes. Une autre est pareillement remarquable: le Palais de la Chancellerie, dont la noble façade Renaissance est bâtie d'énormes blocs de travertin arrachés au Colisée (1486—1495). Le palais du Quirinal fut entrepris en 1574 pour servir de résidence d'été aux Souverains Pontifes et de logement aux Conclaves. Le palais du Latran remonte à 1586. Sous le pontificat d'Urbain VIII (1632—1644), le Bernin, et après lui Borromini élevèrent le palais de la Propagande qui, aujourd'hui encore, centralise tous les services de l'apostolat de l'Eglise dans les missions. L'Université de la Sapience, fondée par Boniface VIII et qui sous Léon X connut un haut degré de prospérité, fut logée en 1575 par Giacomo della Porta dans ses bâtiments actuels. Les Jésuites, en 1582, bâtirent le Collège Romain, depuis saisi par l'Etat italien en 1870, mais qui se continue avec l'Université grégorienne, installée présentement dans le Palais Borromée, sur la Via del Seminario. En 1552, le Collège Germanique fondé par saint Ignace, et devenu en 1580 Collège Germanique et Hongrois; puis dans la suite de nombreux établissements nationaux ou internationaux pour les étudiants du clergé séculier et régulier vinrent embellir de leurs bâtiments imposants les quartiers de Rome.

A tous les monuments qui font l'ornement de la Rome moderne il convient d'ajouter les *Obélisques*, gigantesques monolithes, que les empereurs avaient amenés d'Egypte par mer et par le Tibre. Sixte V (1585—1590) dressa les trois premiers à la place qu'ils occupent encore. L'obélisque de la place Saint-Pierre était jadis à Héliopolis: Caligula l'avait installé à l'intérieur — sur la «Spina» — du cirque qu'il venait de construire, cirque dit plus tard: cirque de Néron. Cet obélisque vit donc la crucifixion de Saint-Pierre et resta là jusqu'en 1586. L'obélisque de Saint-Jean-de-Latran se trouvait dans le grand cirque (Circus Maximus) depuis Constance (337—361) qui l'y avait transporté: il y avait alors dix huit cents ans environ qu'il dominait les sables d'Egypte. C'est le plus grand des obélisques de Rome; non compris la base, il mesure 32 mètres de haut et 47 avec la base. Le «Circus Maximus» a livré également à Sixte V l'obélisque de la Place du Peuple (1589): c'est l'empereur Auguste qui l'avait érigé dans le cirque en souvenir de sa conquête de l'Egypte. Là où s'élèvent aujourd'hui l'église Saint-Ignace et le Collège Romain, était un temple romain dédié à Isis: le Bernin lui enleva en 1667 un premier obélisque et l'installa sur le dos d'un éléphant de marbre à la place de la Minerve où nous les voyons encore. Deux autres obélisques lui furent pris encore, l'un pour être placé devant le Panthéon, l'autre pour orner en ces derniers temps la place de la Gare. Le Mausolée d'Auguste dut céder en 1787 son obélisque à la place du Quirinal. En 1792, un autre apporté par Auguste à Rome, et qui servait jusque là de «style» à un cadran solaire devant Saint-Laurent-in-Lucina, fut transporté sur la place de Monte-Citorio, là où s'élève la Chambre des Députés actuelle. Ce fut Sixte V encore qui, en 1589, couronna la colonne Trajane d'une statue de saint Pierre, et la colonne de Marc-Aurèle d'une statue de saint Paul.

LA RENAISSANCE. L'âme de ce puissant mouvement d'idées, l'inspiratrice de cette magnifique production artistique, fut la Renaissance, cette période où la science et l'art classique prirent un si vigoureux et si subit essor. Florence bénéficia la première de ce renouveau, tandis que Rome se remettait péniblement des troubles et du désordre antérieurs. Mais sous Nicolas V (1447—1455), un admirateur enthousiaste de l'antiquité classique, Rome s'ouvrit à son tour à ce renouveau. Le cardinal Barbo bâtit son palais de Saint-Marc. Nicolas V entreprit la reconstruction de Saint-Pierre et l'édification du nouveau palais du Vatican, dont la chapelle Laurentine fut décorée par le pinceau inspiré du bienheureux Fra Angelico. Sixte III (1471—1484) fut lui aussi un grand bâtisseur: Meo del Caprino, Giovanni de Dolci, Giacomo di Pietrasanta, Giuliano di Sangallo étaient ses architectes et maîtres d'œuvre. On lui doit les églises de Santo-Spirito, Sainte-Marie-del-Popolo, Sainte-Marie-della-Pace, Saint-Pierre-in-Montorio, Saint-Augustin, la façade des Saints-Apôtres, le couvent de Saint-Pierre-in-Vincoli, l'ancien palais du gouvernement, le pont Sixte, et en tout

42

premier lieu la chapelle Sixtine au Vatican, avec les magnifiques fresques du Pinturicchio, de Botticelli, Ghirlandajo, Rosselli, Piero de Cosimo, Signorelli, della Gatta et du Pérugin, qui tous appartenaient aux écoles de Toscane et d'Ombrie. C'est sous le pontificat d'Alexandre VI (1492—1503), de la famille des Borgia, que les appartements de ce nom, au Vatican, reçurent du Pinturicchio leur célèbre décoration picturale.

Un attrait irrésistible conduisait à Rome à la même époque les *sculpteurs* de Toscane: la passion de paraître, si vive chez les hommes de la Renaissance, leur assurait du travail, en particulier pour l'édification de mausolées dans les églises. Sous Sixte IV, l'exquis Mino da Fiesole amenait ce genre de sculpture à son point de perfection; il n'y a presque pas d'église à Rome, remontant à cette époque, qui ne possède un ou plusieurs spécimens remarquables de cet art de la première Renaissance; l'église des de la Rovere, Sainte-Marie-del-Popolo, est particulièrement riche en ce genre.

L'âge d'or de la Renaissance commença néanmoins seulement avec le vigoureux *Jules II* (1503—1513): il rêvait, lui déjà, de l'unification de l'Italie sous la direction du Pape. Il parvint à fixer à Rome, à son service, en les chargeant sans arrêt de nouveaux travaux, la célèbre triade d'artistes: le Bramante, Raphaël, Michel-Ange.

Le *Bramante* bâtit Saint-Pierre-in-Montorio, le couvent de Sainte-Marie-della-Pace et les magnifiques portiques de la cour Saint-Damase au Vatican. Mais il est célèbre avant tout comme premier architecte de Saint-Pierre. On sait combien grandioses étaient ses plans: il voulait, disait-il, dresser le Panthéon sur le temple de la Paix, c'est-à-dire, sur le basilique de Constantin, dont la masse énorme nous étonne encore aujourd'hui, et que l'on croyait être alors l'ancien temple de la Paix. Il lui fallut en rabattre.

Michel-Ange n'a pas à être présenté. Quiconque est allé à Rome a vu sa première œuvre de sculpteur, la Pietà célèbre de Saint-Pierre, et son Christ ressuscité de Sainte-Marie-sopra-Minerva. Il n'a pas été moins grand comme peintre: on connaît ses fresques de la chapelle Sixtine, particulièrement le Jugement dernier, œuvre d'art incomparable. On voit de lui encore, dans la chapelle Pauline au Vatican, une Conversion de saint Paul et une Crucifixion de saint Pierre. Sa renommée d'architecte est due surtout à la coupole de Saint-Pierre, dont il dessina le modèle. Mais, entre autres choses encore, il retoucha

le dessin de la place du Capitole et encastra l'église de Sainte-Marie-des-Anges
dans la grande salle des Thermes de Dioclétien. La grande œuvre de sa vieillesse
fut le tombeau de son protecteur Jules II. A elle seule la célèbre statue de Moïse,
de la main de Michel-Ange, à Saint-Pierre-in-Vincoli, permet de deviner
l'ampleur grandiose de ses conceptions.

Raffaello Santi était venu d'Urbin, en Ombrie. L'influence de sa patrie
d'origine est visible dans son Couronnement de la Vierge, au Vatican, celle de
Florence, dans sa Mise du Christ au tombeau, de la villa Borghèse. Son œuvre
la plus caractéristique et la plus personnelle est la Transfiguration du Christ,
dans les Galeries du Vatican. Sa maîtrise apparaît surtout dans les fresques qui
ornent les murs des salles de réception papales, les «Chambres» et les «Loges»
du Vatican. La Dispute du Saint-Sacrement, l'Ecole d'Athènes, Héliodore
chassé du temple, l'Incendie de la Cité Léonine, la série de sujets de l'Ancien et
du Nouveau Testament, la «Bible de Raphaël», esquissés par lui et exécutés
par ses élèves sous sa direction, sont connus du monde entier. C'est toute la
Renaissance, avec sa joie bruyante de vivre, qu'il exprime dans son tableau de
Galatée et dans celui de l'Amour et Psyché à la Villa Farnèse. Il ne fut pas moins
bon architecte; de 1515 à 1520, année de sa mort, il dirigea les travaux de
Saint-Pierre et construisit les arcades du transept gauche et celles qui joignent
les deux derniers piliers avant la coupole.

Autour de cette triade éclatante gravitaient de nombreux astres de deuxième
grandeur.

En l'an 1527, sous le pontificat de Clément VII, une armée espagnole com-
mandée par le connétable de Bourbon s'empara de Rome et, pendant trois
semaines entières, pilla sauvagement églises, couvents et palais. Ce fut le *sac de
Rome.* L'âge d'or de la Renaissance, avec sa large vie par trop facile, tendait
déjà auparavant vers son déclin; le sac de Rome le précipita. Les Papes, à partir
de Paul III (1534—1549), s'appliquèrent à une réforme des mœurs qui
ramenât au vieil idéal trop oublié.

Nous avons déjà parlé des églises et des palais bâtis à partir du XVIᵉ siècle,
ainsi que des embellissements de Rome depuis lors. Citons simplement *quelques
noms* qu'on n'a pas le droit de taire. Vignole bâtit entre 1550 et 1555, pour le
pape Jules III, la célèbre villa du pape Jules; entre 1568 et 1575, en collaboration

avec Giacomo della Porta, le Gesù. Cette élégante et somptueuse église, avec
sa large et haute nef centrale, ses nefs latérales transformées en chapelles,
fondait le style baroque, qui devait être reproduit si longtemps un peu partout
par les jésuites et autres bâtisseurs d'églises. Le Collège Romain, dont les plans
grandioses furent dressés en 1582 par Ammanati, fut le premier grand établis-
sement d'instruction de ce genre à Rome. En 1595, Carrache arrive à Rome
et y peint au Palais Farnèse ses superbes plafonds. En 1601, Rubens inaugure
à la Chiesa Nuova la série de ses chefs-d'œuvre. Le Dominiquin peint la Communion de saint Jérôme, aux Galeries vaticanes; les Quatre Evangélistes et la
légende de saint André, à Saint-André-della-Valle; la bienheureuse Cécile, à
Saint-Louis-des-Français. Il dresse les plans de Saint-Ignace, que Grassi en
1626 construit et que Pozzo, le maître souverain de la perspective, décore.
Guido Reni peint en 1609 son Aurore célèbre sur le plafond du palais Rospi-
gliosi, son gracieux Concert d'anges dans la Chapelle de Sainte-Silvie à Saint-
Grégoire, les quatre Sibylles bien connues de la galerie Borghèse, les fresques
de Sainte-Marie-Majeure et du Quirinal. Le Guerchin nous a laissé le tableau
saisissant du Martyre de sainte Pétronille au-dessus du maître-autel du palais
des Conservateurs. Le sculpteur Maderne élève le porche de Saint-Pierre,
Flaminio Ponzi, la magnifique chapelle Borghèse à Sainte-Marie-Majeure; sous
Urbain VIII (1623—1644) le Bernin commence sa longue carrière d'architecte
et de sculpteur, qui durera cinquante ans: il construit la colonnade de Saint-
Pierre, la «Scala regia» au Vatican, la belle Fontaine des Quatre parties du
monde sur la place Navone, et, en collaboration avec Borromini, le palais
Barberini. Borromini édifia les belles églises en style «baroque» de San-Carlino-
alle-Quattro-Fontane et de Sant-Ivo à la Sapience. Les paysages peints à fresque
sur les murs de Saint-Martin-ai-Monti, sont de Gasparo Poussin.

A partir du milieu du XVIIIe siècle, on se remet avec une ferveur nouvelle
à l'école de l'antiquité classique. La construction de la villa Albani et l'organi-
sation de son musée de sculpture par Winckelmann aident puissamment ce
mouvement. Canova, le sculpteur le plus célèbre d'alors (1757—1822) s'efforce
dans ses œuvres, — le mausolée de Clément XIII à Saint-Pierre par exemple,
et celui de Clément XIV aux Saints-Apôtres, — tout en gardant la pureté de
lignes des classiques, un peu froide, de l'assouplir et de la réchauffer. Mais c'est

le danois Thorwaldsen (1770—1844), l'auteur du tombeau de Pie VII à Saint-Pierre, qui fait à nouveau triompher les classiques.

Pie VII avait déployé une grande activité pour *remettre au jour les monuments antiques* à demi-ensevelis et oubliés. Les Français pendant leur occupation de Rome poursuivirent avec entrain ces travaux, et depuis lors, ce souci des recherches et des restitutions archéologiques s'est maintenu. Toutefois, on accordait en même temps plus de bienveillante attention aux monuments du passé chrétien primitif et également à ceux de tout le haut Moyen-âge, que la Renaissance avait si cruellement maltraités. Le savant qui donna la plus vive et la plus sûre impulsion à ces travaux et fonda la science de l'antiquité chrétienne, fut le commandeur *Giovanni Battista de Rossi*, célèbre pour son exploration des Catacombes.

BORNONS-NOUS à ce large tableau d'ensemble, où nous avons essayé de représenter dans ses grandes lignes d'après les principaux monuments et œuvres d'art, l'histoire de Rome chrétienne depuis les premiers temps jusqu'à nos jours. Mais c'est Rome tout entière, dans son détail, qui mériterait d'être étudiée. Pour tous elle reste une maîtresse achevée d'enseignement, avec ses musées, ses galeries d'art, ses ruines, ses vestiges du temps passé que nous ont restitués les fouilles, avec ses trésors d'art incomparables, legs de la Rome païenne, mêlés à ceux de la Rome chrétienne et parfois aussi à ceux de la Rome moderne. Car, par-dessus ces ruines, par-dessus tous ces souvenirs du passé, flotte comme un air nouveau, s'agite une vie nouvelle, la vie des hommes d'à présent, qui d'ailleurs, dans cette Rome moderne, imprégnée et sanctifiée par dix-neuf siècles de christianisme, continuent leurs pères. C'est encore à présent l'afflux à Rome, de tous les coins du monde, de milliers de pieux pèlerins, qui voient toujours dans cette ville «Roma Sacra», la patrie de leur âme. Aujourd'hui, comme il y a deux mille ans, ils se pressent aux Catacombes, pour y respirer le parfum de la jeunesse du christianisme. Ils accourent en foule aux tombeaux des martyrs et des saints. Ils visitent les sept églises de Rome et les innombrables souvenirs sacrés entassés sur ce coin de terre. A Saint-Pierre et Saint-Paul, au Latran et à Sainte-Marie-Majeure, dans tant d'autres églises, ils assistent en commun aux offices divins, que tous les arts s'emploient à envelopper d'un éclat incomparable. Mais c'est Saint-Pierre toujours qui les rappelle et les retient; ce sont toujours les fenêtres des appartements du pape, au Vatican, qu'ils se font montrer avec le plus d'empressement: car là habite le Père commun de tous les fidèles.

Au jour où Pie X assista, du haut d'une tribune dans la cour du Belvédère, à une grande fête de gymnastique, organisée par la Jeunesse catholique de tous les pays, les spectateurs purent contempler une scène qui demeurera pour eux inoubliable. La fête touchait à sa fin; les trompettes d'argent avaient sonné; le Saint-Père avait fait descendre majestueusement sa bénédiction paternelle sur les groupes massés en longues lignes de jeunes gens agenouillés. Soudain, d'un seul mouvement, comme soulevée d'une même et puissante émotion, toute cette jeunesse s'élança vers le Pape. Son cœur avait deviné, ses yeux avaient saisi, à un geste du Saint-Père, qu'il voulait leur parler. La même scène se répète, moins solennelle peut-être, mais toujours aussi émouvante, à chaque fois que s'approchent du successeur de Pierre les enfants de la famille chrétienne venus de toutes les nations du monde. *Sur toute la terre, partout où il y a des chrétiens, partout leur cœur va à Rome, et là, va d'instinct et d'abord à celui qui pour eux personnifie, avec la chrétienté tout entière, la Rome chrétienne, la «Roma Sacra»: le Pape.* Le Vatican, rocher inébranlable sur lequel le Christ a bâti son Eglise, est la patrie de leur âme, quelle que soit d'ailleurs leur patrie de la terre, et si lointaine qu'elle soit, par delà montagnes et océans.

Qu'on nous permette d'exprimer un souhait en finissant. Nous n'avons pu dans ces pages rapides que signaler un petit nombre des monuments et œuvres d'art les plus représentatifs, entre tous ceux accumulés dans la capitale du monde chrétien. Que ce volume «Roma Sacra», consacré à la gloire de Rome chrétienne, rappelle aux pèlerins revenus à leur foyer les belles et trop courtes heures vécues là-bas! Aux autres, qui n'ont pas eu encore le bonheur de les vivre, qu'il soit un avant-goût de cette jouissance désirée, un appel à hâter leur visite, et, si cette joie leur est refusée, une compensation à leurs regrets!

PIERRE SINTHERN S. J.

47

SPECIMENS DE
L'ART ORNEMENTAL TRILINEAIRE

(voir pp. 28—32 du texte)

1   2

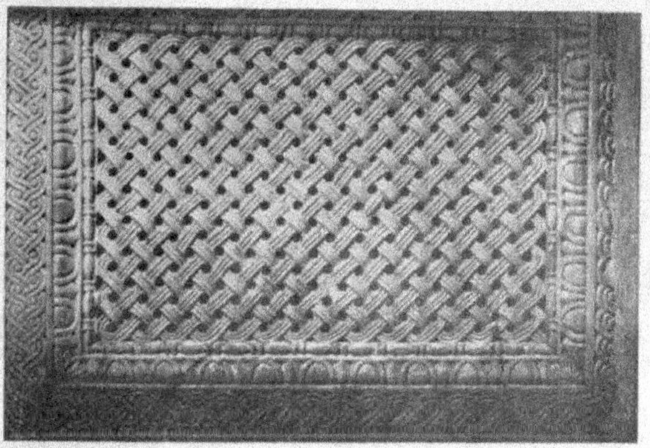

3

4   5

Classica ispirazione

Précurseurs classiques
Antiguos modelos

Klassische Vorläufer
Classic Precursors

6

7 8 9

10 11

Arcs et palmes
Hojas de palma

Disegni ad arco. Palmette

Bogenmuster. Palmette
Types of Arch. Palmette

Esempi di cassette. La croce sormontata da un arco
Cassettes. La croix sous un arc
Artesones. La cruz bajo arco
Kassettenmuster. Kreuz unter Bogen
Types of Coffer-work. Cross beneath arch

16

17

18

19

Croce sotto arco

La croix sous un arc
La cruz bajo arco

Kreuz unter Bogen
Cross beneath arch

L'arbrisseau. Le cadre quadrangle   »L'alberelio.« Cornice quadrata   Bäumchen Viereckrahmen
„Arbolillo" y marcos cuadrados   "Branches." Four-cornered border

La croce in una corona ad intreccio

La croix dans la couronne à tresses

Cruz con guirnalda de trenza

Kreuz im Flechtenkranz

Cross within intertwined wreath

»Fondo di paniere.« Cappio in forma di croce

Le »fond de panier«. Le lacet en forme de croix   Korbboden. Kreuzschlinge

„Fondo de cesta" y lazadas en forma de cruz   "Bottom of Basket." Interlacing in the form of cross

Cappio in forma di croce. Ciborio

Le lacet en forme de croix
Lazada en cruz y ciborio

Kreuzschlinge. Ciborium
Interlacing in the form of Cross. Ciborium

43

44

45

46

47

Ciborio. Recostruzioni

Le ciborium. Réconstructions
Arco de ciborio. Reconstrucciones

Ciborium. Rekonstruktionen
Ciborium. Reconstructions

Ciborio in S. Apollinare in Classe

Le ciborium de Saint-Apollinaire en Classe

Ciborium in S. Apollinare in Classe

Ciborio de S. Apolinar in Classe

Ciborium in St. Apollinaris in Classe

SUITE D'IMAGES

Roma Triomphante
Roma triunfal

Triumphierende Roma
Roma Triumphant

Porta Ostiense

Porte d'Ostie
Puerta Ostiense

Ostiensisches Tor
The Ostian Gate

La Via Appia

Voie Appienne
Via Apia

Die Appiache Straße
The Appian Way

Porta Appia

Porte Appienne
Puerta Apia

Das Appische Tor
The Appian Gate

Il Palatino, visto dall'Aventino

Le Palatin, vu de l'Aventin
El Palatino, visto desde el Aventino

Der Palatin, vom Aventin aus gesehen
The Palatine. View from the Aventine

Le Palatin, vu du Forum   Il Palatino, visto dal Foro   Der Palatin, vom Forum aus gesehen
El Palatino, visto desde el Foro   The Palatine. View from the Forum

Le Capitole
El Capitolio

Il Campidoglio

Das Kapitol
The Capitol

Le Forum Romain, vu du Capitole
Foro Romano, visto desde el Capitolio

Il Foro Romano, visto dal Campidoglio

Das Forum Romanum, vom Kapitol aus gesehen
The Roman Forum. View from the Capitol

Maison des Vestales
Casa de las Vestales

La casa delle Vestali

Das Vestalinnenhaus
Palace of the Vestal Virgins

La Basilique Julia
Basilica Julia

La Basilica Giulia

Die Basilika Julia
Basilica Julia

Temple de Roma
Templo de Roma

Il Tempio di Roma

Romatempel
Temple of Roma

12

Le Colisée   Il Colosseo   Das Colosseum
El Coliseo   The Coliseum

Le Colisée. Intérieur
El Coliseo: Interior

Il Colosseo: Interno

Das Colosseum, Inneres
The Coliseum. Interior

Ingresso alle Catacombe di Callisto
Entrée de la Catacombe de Calixte   Eingang in die Kallistuskatakombe
Entrada de las Catacumbas de Calixto   Entrance to the Catacomb of Callistus

a

b

a) La ss. Eucaristia

Scène Eucharistique   Eucharistische Darstellung

La Sagrada Eucaristía   The Holy Eucharist

b) Il Profeta Giona

Le Prophète Jonas   Der Prophet Jonas

El Profeta Jonás   Jonas the Prophet

a) Gesù e la Samaritana
Jesus et la Samaritaine   Christus und die Samariterin
Cristo y la Samaritana   Jesus and the Samaritan Woman

b) Risurrezione di Lazzaro
La résurrection de Lazare   Auferweckung des Lazarus
Resurrección de Lázaro   The resurrection of Lazarus

Susanna

Orante

Il Buon Pastore

Le Bon Pasteur   Der gute Hirte
El Buen Pastor   The Good Shepherd

a

b

a) Maria col Bambino
La Sainte-Vierge avec l'Enfant-Jésus   Maria mit dem Kinde
La Virgen Maria con el Niño   The Madonna

b) Cristo con gli Apostoli
Le Christ avec les Apôtres   Christus und die Apostel
Cristo con los Apóstoles   Christ and the Apostles

1 SS. Cornelio e Cipriano

Les Saints Corneille et Cyprien   Die Heiligen Cornelius und Cyprianus

Los SS Cornelio y Cipriano   SS. Cornelius and Cyprianus

L'Arco di Costantino

L'Arc de Triomphe de Constantin
Arco de Triunfo de Constantino

Der Konstantinsbogen
The Triumphal Arch of Constantine

La Basilique de Constantin
Basilica de Constantine

La Basilica di Costantino

Die Konstantinsbasilika
The Basilica of Constantine

S. Giovanni in Laterano

La Basilique du Latran
Basílica de Letrán

Die Lateranbasilika
The Lateran Basilica

S. Giovanni in Laterano: Facciata laterale

La Basilique du Latran. Vue latérale
Basílica de Letrán: fachada lateral

Lateranbasilika. Nebenfassade
The Lateran Basilica. Side view

Saint-Pierre
S. Pedro

S. Pietro

St. Peter
St. Peter's

S. Paolo: Facciata

Saint-Paul. Façade principale
S. Pablo: fachada principal

St. Paul. Hauptfassade
St. Paul's. Facade

S. Paolo: Veduta generale

Saint-Paul. Vue d'ensemble
S. Pablo: vista general

St. Paul, Gesamtansicht
St. Paul's, General View

Saint-Paul, Intérieur
S. Pablo: interior

S. Paolo: Interno

St. Paul, Innenansicht
St. Paul's Interior

La Basilique de Saint-Laurent   La Basilica di S. Lorenzo   Die Laurentiusbasilika
Basilica de S. Lorenzo   Basilica of St. Lawrence

S. Sabina

Panthéon

Le Panthéon. Intérieur
El Panteón: interior

Il Pantheon: Interno

Das Pantheon, Inneres
The Pantheon. Interior

La Basilica dei SS. Cosma e Damiano

La Basilique de Saints-Côme-et-Damien
Basílica de S. Cosme y S Damián

Die Basilika der heiligen Kosmas und Damianus
The Basilica of SS. Cosmas and Damian

S. Croce in Gerusalemme

L'Eglise Sainte-Croix · Die Heilig-Kreuz-Kirche
Iglesia de la Santa Cruz · The Church of the Holy Cross

37

S. Maria Maggiore
Reliquie del Presepio

Reliques de la Crèche
El Santo Pesebre

Krippenreliquien
Relics of the Manger

a) S. Pietro in Vincoli
Le Catene di S. Pietro
Chaînes de saint Pierre   Die Ketten des hl. Petrus
Cadena de S. Pedro   St. Peter's Chains

b) S. Giovanni in Laterano
Reliquiario
Reliquaire   Reliquienschrein
Relicario   Reliquary

S. Giovanni in Laterano: Altare con reliquie

L'autel du Latran et Reliques
Altar de Letrán con reliquias

Lateranaltar mit Reliquien
Altar of the Lateran with Relics

Reliquie del Tesoro di S. Pietro

Reliques du Trésor de Saint-Pierre

Reliquien aus dem Schatze von St. Peter

Reliquias del tesoro de S. Pedro

Relics from the Treasury of St. Peter's

Reliquie del Tesoro di S. Pietro

Reliques du Trésor de Saint-Pierre   Reliquien aus dem Schatze von St. Peter
Reliquias del tesoro de S. Pedro   Relics from the Treasury of St. Peter's

S. Maria Antiqua

S. Maria Maggiore

S. Maria in Trastevere

S. Cecilia

S. Maria in Cosmedin
Interno

Intérieur
Interior

Inneres
Interior

46

L'Eglise de Saint-Clément sur le Mont Coelius
S. Clemente del monte Celio

La chiesa di S. Clemente sul Celio

Die Klemenskirche auf dem Coelius
The Church of St. Clement on the Coelius

S. Clemente sul Celio: Interno

L'Église de Saint-Clément sur le Mont Coelius, Intérieur
S. Clemente del monte Celio: interior

Die Klemenskirche auf dem Coelius, Inneres
The Church of St. Clement on the Coelius. Interior

S. Pudenziana: Mosaico dell' abside

Sainte-Pudentienne. Mosaïque absidale
Sta. Pudenciana: mosaico del ábside

S. Pudenziana, Apsismosaik
St. Pudentiana's, Mosaic Apse

Intérieur
Interior

S. Maria Maggiore
Interno

Inneres
Interior

S. Paolo: Mosaico sull' Arco trionfale

Saint-Paul. Mosaïque de l'Arc de Triomphe

St. Paul, Triumphbogenmosaik

S. Pablo: mosaico del arco

St. Paul's. Triumphal Arch. Mosaics

SS. Cosma e Damiano: Mosaico dell' abside

Basilique de Saints-Côme-et-Damien. Mosaïque absidale

S. Cosme y S. Damián: mosaico del ábside

Basilika der Hl. Kosmas und Damianus, Apsismosaik

Basilica of SS. Cosmas and Damian. Mosaic Apse

Basilica di S. Lorenzo: Arco trionfale

Basilique de Saint-Laurent. Mosaïque de l'Arc de Triomphe   Laurentiusbasilika, Arcusmosaik

Basílica de S. Lorenzo; mosaico del arco Triunfal   Basilica of St. Lawrence. Triumphal Arch

Basilica di S. Agnese fuori le mura
Basilique de Sainte-Agnès hors les murs   Basilika der hl. Agnes außerhalb der Mauern
Basílica de Sta. Inés extra muros   Basilica of St. Agnes outside the Walls

a

b

a) S. Stefano Rotondo
S. Feliziano

Saint Félicien   Der hl. Felizian
S. Feliciano   St. Felician

b) S. Maria in Cosmedin
Madonna di Giovanni VII

Madone de Jean VII   Madonna Johannes VII.
Madonna de Juan VII   Madonna of John VII

SS. Nereo ed Achilleo
Interno

Intérieur   Inneres
Interior   Interior

S Prassede
Mosaico dell' Arco trionfale e dell' abside

Arc de Triomphe et mosaïque absidale
Arco y mosaico del ábside

Triumphbogen- und Apsismosaik
Arch and Mosaic Apse

S. Cecilia
Mosaico dell' abside

Mosaïque absidale
Mosaico del ábside

Apsismosaik
Mosaic Apse

S Maria inDomnica
Mosaico dell' abside

Mosaïque absidale
Mosaico del ábside

Apsismosaik
Mosaic Apse

S. Marco
Mosaico dell' abside

Mosaïque absidale
Mosaico del ábside

Apsismosaik
Mosaic Apse

S. Maria Antiqua
Cinque affreschi sovrapposti

Cinq fresques d'époques différentes

Frescos con cinco capas de pintura

Fünf Freskenschichten übereinander

Five layers of Frescoes

a

b

S. Maria Antiqua

a) I Fratelli Maccabei   b) S. Andrea
Les frères Macchabées   Die Makkabäischen Brüder   Saint André   Der hl. Andreas
Los Macabeos   The Maccabees   S. Andrés   St. Andrew

S. Maria Antiqua
Crocifissione

Le Crucifiement
Grupo de la Crucifixión

Kreuzigungsgruppe
Crucifixion Group

a

b

S. Maria Antiqua

a) Il Primicerio Teodoto

b) Quattro SS. martiri

Le Primicerius Theodotus   Der Primicerius Theodotus

El Primicerio Teodoto   The Primicerius Theodotus

Quatre saints martyrs   Vier hl. Märtyrer

Cuatro santos mártires   Four Holy Martyrs

S. Maria Antiqua
Abbacyrus

S. Maria Antiqua
Cristo fra Santi

Le Christ avec des Saints
Cristo rodeado de Santos

Christus zwischen Heiligen
Christ in the midst of Saints

S. Maria Antiqua

a) Le tre Sante Madri   b) Maria col Bambino
Les trois Saintes Mères   Die drei hl. Mütter   Marie et l'Enfant-Jésus   Maria mit dem Kinde
Las tres Santas Madres   The Three Holy Mothers   María con el Niño   Madonna

S. Clemente
Madonna in trono

La Madone sur le Trône
Madona en el trono

Thronende Madonna
Madonna Enthroned

S. Clemente

a) Assunzione di Maria   b) Gesù che insegna

Assomption de la Sainte-Vierge   Mariä Himmelfahrt   Le Christ enseignant   Lehrender Christus

Asunción de la Sma. Virgen   Assumption of the Blessed Virgin   Cristo Maestro   Christ as Teacher

Château et Pont Saint-Ange
Castillo y Puente Santángelo

Castello e Ponte Sant' Angelo

Engelsburg und Engelsbrücke
Castle and Bridge of S. Angelo

La Torre di Nerone — Chiesa di S. Caterina da Siena

Tour de Néron	Turm des Nero
Eglise de Sainte-Catherine-de-Sienne	Kirche der hl. Katharina von Siena
Torre de Nerón	Tower of Nero
Iglesia de Sta. Catalina de Siena	Church of St. Catherine of Siena

S. Giorgio in Velabro

S. Maria in Cosmedin

S. Clemente
Messa di S. Clemente

Messe de saint Clément — Misa de S. Clemente — Messe des hl. Klemens — Mass of St. Clement

a) Miracolo di S. Clemente
Miracle de la légende
de saint Clément
Milagro de S. Clemente

Wunder des hl. Klemens
Miracle of St. Clement

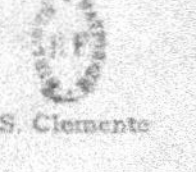

S. Clemente

b) Episodi della vita di S. Alessio
Scènes de la légende de saint Alexis
Escenas de la vida de S. Alejo

Alexiusszenen
Sketches of the Life
of St. Alexius

Basilica di S. Lorenzo: Interno.

Basilique de Saint-Laurent. Intérieur
Basílica de S. Lorenzo: interior

Laurentiusbasilika, Inneres
Basilica of St. Lawrence. Interior

Basilica di S. Lorenzo: Cattedra episcopale

Basilique de Saint-Laurent. Trône épiscopal
Basílica de S. Lorenzo: silla episcopal

Laurentiusbasilika, Bischofsstuhl
Basilica of St. Lawrence. Bishop's Throne

77

S. Paolo: Chiostro, vista generale

Saint-Paul, Cloître. Vue d'ensemble
S. Pablo: claustro; vista general.

St. Paul, Kreuzgang, Gesamtansicht
St. Paul's, Cloister. General View

Saint-Paul, Cloître, Vue partielle
S. Pablo: claustro, vista parcial

S. Paolo: Chiostro, particolare

St. Paul, Kreuzgang, Teilansicht
St. Paul's, Cloister, Partial View

S. Giovanni in Laterano: Chiostro, vista generale

Latran, Cloître, Vue générale
Letrán: claustro; vista general

Lateran, Kreuzgang, Gesamtansicht
Lateran, Cloister, General View

S. Giovanni in Laterano: Chiostro, particolare
Latran, Cloître. Vue partielle
Letrán: claustro; vista parcial
Lateran, Kreuzgang, Teilansicht
Lateran, Cloister. Partial View

Basilica di S. Lorenzo: Chiostro, vista generale

La Basilique de Saint-Laurent, Cloître, Vue générale   Basilika des hl. Laurentius, Kreuzgang, Gesamtansicht

Basilica de S. Lorenzo: claustro; vista general   Basilica of St. Lawrence, Cloister, General View

Basilica di S. Lorenzo: Chiostro, particolare

La Basilique de Saint-Laurent, Cloître. Vue partielle

Basilica de S. Lorenzo: claustro; vista parcial

Laurentiusbasilika, Kreuzgang, Teilansicht

Basilica of St. Lawrence, Cloister. Partial View

S. Maria in Aracoeli
Ambone Cosmatesco

Ambon (Style des Cosmates)   Kosmatenambo
Ambón de „los Cosmes"   Cosmato Ambo

S. Maria in Aracoeli
Tomba de' Savelli

Tombeau des Savelli
Tumba de los Savelli

Savelligrab
Tomb of the Savelli

S. Francesca Romana
Mosaico dell' abside

Mosaïque absidale
Mosaico del ábside

Apsismosaik
Mosaic Apse

S. Paolo: Mosaico dell' abside

Saint-Paul. Mosaïque absidale
S. Pablo: mosaico del ábside

St. Paul, Apsismosaik
St. Paul's, Mosaic Apse

S. Giovanni in Laterano: Mosaico dell'abside
Basilique du Latran. Mosaïque absidale
Lateranbasilika, Apsismosaik
Basílica de Letrán: mosaico del ábside
Lateran Basilica. Mosaic Apse

S. Maria Maggiore
Mosaico dell'abside

Mosaïque absidale
Mosaico del ábside

Apsismosaik
Mosaic Apse

S. Maria in Trastevere
Interno e mosaico dell' abside

Intérieur et mosaïque absidale
Interior y mosaico del ábside

Inneres und Apsismosaik
Interior and Mosaic Apse

Mosaïque de l'ancienne façade
Mosaico de la antigua fachada

S. Maria Maggiore
Mosaico dell' antica facciata

Mosaik der alten Fassade
Ancient Mosaic Facade

S. Paolo: Cappella del Crocifisso

Saint-Paul. Chapelle du Crucifix   St. Paul. Kapelle des Gekreuzigten
S. Pablo: capilla del Crucifijo   St. Paul's. Chapel of the Crucifixion

Basilica di S. Lorenzo: Affreschi nell'atrio

Basilique de Saint-Laurent. Fresques au vestibule
Basilica de S. Lorenzo: frescos del pórtico

Laurentiusbasilika, Fresken in der Vorhalle
Basilica of St. Lawrence. Frescoes in the Vestibule

SS. Quattro Coronati
Cappella di S. Silvestro: Affreschi

Chapelle de Saint-Sylvestre. Fresques
Capilla de S. Silvestre: frescos

Silvesterkapelle, Fresken
Chapel of St. Sylvester. Frescoes

S. Giovanni in Laterano
Promulgazione del primo Giubileo

Promulgation du premier jubilé   Verkündigung des ersten Jubiläumsablasses
Promulgación del primer jubileo   Proclamation of the first Jubilee Indulgences

S. Maria in Trastevere
Mosaico del Cavallini

Mosaïque de Cavallini
Mosaico por Cavallini

Mosaik Cavallinis
Mosaics by Cavallini

Cola di Rienzo

S. Giovanni in Laterano: Ciborio di Urbano V

Basilique du Latran. Ciborium d'Urbain V
Basilica de Letrán: ciborium de Urbano V

Lateranbasilika, Ciborium Urbans V.
Basilica of the Lateran, Baldachin of Urban V

Escalier de S. Maria in Aracoeli
Escala de Sta. Maria in Aracoeli

Scalinata di S. Maria in Aracoeli

Treppe nach S. Maria in Aracoeli
Steps to S. Maria in Aracoeli

Le Vatican
El Vaticano

Il Vaticano

Der Vatikan
The Vatican

Il Palazzo Vaticano, visto dal Colle Vaticano
Le Palais du Vatican, vu du Mont-Vatican
El Palacio Vaticano, desde la colina Vaticana
Der Vatikanpalast, vom vatikanischen Hügel aus gesehen
The Vatican Palace. View from the Vatican Hill

Vaticano: Cortile degli Svizzeri

Vatican. La cour des Suisses — Vatikan. Schweizerhof
Vaticano: patio de la Guardia Suiza — Vatican. Swiss Court

Vaticano: Cortile del Belvedere

Vatican. La cour du Belvédère
Vaticano: patio del Belvedere

Vatikan, Belvederehof
Vatican. Court of the Belvedere

Vaticano: Loggie di Raffaello

Vatican. Les Loges de Raphaël
Vaticano: galería de Rafael

Vatikan, Loggien Raffaels
Vatican. Loggia of Raffael

Vaticano: La „Disputa" di Raffaello

Vatican. La «Disputa» par Raphaël

Vatikan. Die „Disputa" Raffaels

Vaticano: „Disputa" por Rafael

Vatican. The "Disputa" of Raffael

Vaticano: La Pugna al Ponte Molle

Vatican: La bataille du Pont-Milvien
Vaticano: batalla del Puente Milvio

Vatikan, die Schlacht an der Milvischen Brücke
Vatican: The Battle of the Milvian Bridge

Vaticano: Il Trionfo della Fede

Vatican. Le Triomphe de la Foi
Vaticano: triunfo de la Fe

Vatikan, der Triumph des Glaubens
Vatican. The Triumph of Faith

Vaticano: Sala Regia

Vatican. Salle Royale
Vaticano: Sala Real

Vatikan. Der Königssaal
Vatican. Royal Chamber

108

Vatican. Salle Ducale
Vaticano: Sala Ducal

Vaticano: Sala Ducale

Vatikan. Der Herzogssaal
Vatican. Ducal Chamber

Cappella Sistina

Cappella Sistina
Affreschi del soffitto

Fresques du plafond　　　　　　　　　　Deckenfresken
Frescos del techo　　　　　　　　　　Ceiling Frescoes

Cappella Sistina
Ultimo Giudizio

Le Jugement dernier
El Juicio final

Das Jüngste Gericht
The Last Judgement

Cappella Paolina: La Conversione di S. Paolo
Chapelle de Paul V. La Conversion de saint Paul   Kapelle Pauls V., Bekehrung des hl. Paulus
Capilla de Paulo V: Conversión de S. Pablo   Pauline Chapel. The Conversion of St. Paul

Biblioteca Vaticana

Vaticano: Galleria degli Arazzi

Vatican. Galerie des Tapisseries
Vaticano: galería de los Tapices

Vatikan. Galerie der Bildteppiche
Vatican. Gallery of Tapestry

115

Vatican, Musée Pio-Clémentin
Vaticano: museo Pio-Clementino

Vaticano: Museo Pio-Clementino

Vatikan, Pio-Klementinisches Museum
Vatican, Pio-Clementine Museum

Vaticano: Museo delle Statue

Vatican, Le Musée des Statues
Vaticano: museo de las Estatuas

Vatikan, Statuenmuseum
Vatican, Museum of Statuary

117

Vatican. Musée égyptien
Vaticano: museo egipcio

Vaticano: Museo Egiziano

Vatikan, Ägyptisches Museum
Vatican, Egyptian Museum

Vaticano: Galleria delle Carte Geografiche
Vatican. Galerie des Cartes geographiques
Vaticano: galería de los mapas geográficos
Vatikan, Galerie der geographischen Karten
Vatican. Gallery of Geographical Maps

Les Jardins du Vatican
Jardines del Vaticano

Giardini Vaticani

Vatikanische Gärten
The Vatican Gardens

Vatican, Porte de bronze
Vaticano: puerta de bronce

Vaticano: Portone di Bronzo

Vatikan, Bronzetor
Vatican, Bronze Door

Saint-Pierre avec les Colonnades   S. Pietro con le Colonnate   St. Peter mit den Colonnaden
S. Pedro y la Columnata   St. Peter's with the Colonnade

S. Pietro: Interno

Saint-Pierre. Intérieur
S. Pedro: interior

St. Peter, Inneres
St. Peter's, Interior

S. Pietro: La Confessione

Saint-Pierre. La Confession
S. Pedro: La Confesión

St. Peter, die Konfession
St. Peter's. The Confession

S. Pietro: La statua di S. Pietro

Saint-Pierre. Statue de saint Pierre   St. Peter. Statue des hl. Petrus
S. Pedro: estatua de S. Pedro   St. Peter's. Statue of St. Peter

S. Pietro; Altare della Cattedra

Saint-Pierre. Autel de la Chaire de saint Pierre
S. Pedro; altar de la Cátedra de S. Pedro

St. Peter, Altar des Stuhles des hl. Petrus
St. Peter's, Altar of the Chair of St. Peter

Piazza del Popolo

SS. Trinità dei Monti

Forum Trajanum

Il Gesù: Interno

L'Eglise du Gesù. Intérieur
El Jesús: interior

Il Gesù, Inneres
The Gesù. Interior

Il Gesù: Altare di S. Ignazio

L'Eglise du Gesù. Autel et tombeau de saint Ignace   Il Gesù, Grabaltar des hl. Ignatius

El Jesús: altar y sepulcro de S. Ignacio   The Gesù. Altar and Tomb of St. Ignatius

Il Gesù: Altare di S. Francesco Saverio
L'Eglise du Gesù. Autel de saint François Xavier
El Jesús: altar de S. Francisco Javier
Il Gesù, Altar des hl. Franz Xaver
The Gesù. Altar of St. Francis Xavier

S. Ignazio

S. Ignazio: Altare di S. Luigi

Saint-Ignace. Autel et tombeau de saint Louis   S. Ignazio, Grabaltar des hl. Aloysius
S. Ignacio: altar y sepulcro de S. Luis   S. Ignatius. Altar and Tomb of St. Aloysius

S. Ignazio: Altare di S. Giovanni Berchmans

Saint-Ignace.
Autel et tombeau de saint Jean Berchmans
S. Ignacio: altar y sepulcro de S. Juan Berchmans

S. Ignazio.
Grabaltar des hl. Johannes Berchmans
St. Ignatius. Altar and Tomb of St. John Berchmans

S. Ignazio
Affreschi del soffitto

Fresques du plafond
Frescos del techo

Deckengemälde
Ceiling Frescoes

S. Anselmo

Palazzo Venezia

Palais du Quirinal
Palacio del Quirinal

Palazzo del Quirinale

Quirinalpalast
The Quirinal Palace

Palazzo di Propaganda

Palais de la Propagande
Palacio de la Propaganda

Palast der Propaganda
Palace of the Propaganda

S. Pietro in Vincoli
Il Mosè di Michelangelo

Le Moïse de Michel-Ange
El Moisés de Miguel Angel

Der Moses Michelangelos
"Moses" of Michael Angelo

S. Antonio

Galleria Vaticana
La Trasfigurazione di Raffaello
La Transfiguration par Raphaël
La Transfiguración por Rafael.
Die Verklärung von Rafael
Raffael's "Transfiguration"

Galleria Vaticana
La Comunione di S. Girolamo
La dernière Communion de saint Jérôme   Letzte Kommunion des hl. Hieronymus
La Comunión de S. Gerónimo   Communion of St. Jerome

Galleria Vaticana
„Angelo suonante" di Melozzo da Forlì

«Ange chantant» de Melozzo da Forlì   „Musizierender Engel" von Melozzo da Forlì
„Angel músico" por Melozzo da Forlì   "Musical Angel" by Melozzo da Forlì

S. Gregorio

«Concert d'Anges» de Guido Reni
„Concierto Angélico" por Guido Reni

„Coro d'Angeli" di Guido Reni

„Engelkonzert" von Guido Reni
"Angel Choir" by Guido Reni

S. Gregorio
„S. Andrea saluta la Croce“ di Guido Reni

«Saint André saluant la Croix» de Guido Reni
„S. Andrés ante la cruz“ por Guido Reni

„Der hl. Andreas begrüßt das Kreuz“ von Guido Reni
“St. Andrew greeting the Cross” by Guido Reni

Piazza Navona

S. Martino ai Monti
Paesaggio di Poussin

Paysage de Poussin
Paisaje por Poussin

Landschaft von Poussin
Landscape by Poussin

Campagna Romana

S. Pietro e il Vaticano, visti dal Castel S. Angelo

Saint Pierre et le Vatican, vus du Château Saint-Ange
St. Peter und der Vatikan, von der Engelsburg aus gesehen
S. Pedro y el Vaticano, desde el Castillo de Santángelo
St. Peter's and the Vatican. View from the Castle of S. Angelo

Saint-Pierre au coucher du soleil   S. Pietro all'ora del tramonto   St. Peter bei Sonnenuntergang
S. Pedro al caer de la tarde   St. Peter's at Sunset

TABLE DES VUES EN COULEURS

1. Le triomphe de Rome (ancienne statue de Pallas) sur la place du Capitole.
2. Ostie sur mer, ancien port de Rome.
3. Rome, Porte d'Ostie (Porte de Saint Paul).
4. La voie Appienne, la «reine des voies romaines», construite en 312 avant J.-C. par le censeur Appius Claudius Caecus.
5. Rome, Porte Appienne (Porte de Saint Sébastien), point de départ de la voie Appienne.

6 et 7. LE PALATIN.

6. Le Mont Palatin (vu de l'Aventin), berceau de Rome et plus tard Résidence des Empereurs; à droite, ruines du Palais de Septime Sévère.
7. Le Palatin (vu du Forum Romain); à gauche, le Palais de Tibère; à droite le temple d'Auguste; entre les deux, Sainte-Marie-l'Antique dans l'ancienne bibliothèque du Temple d'Auguste (elle n'est pas visible sur la photographie).

8. Le Capitole (vu du Forum Romain), citadelle de l'ancienne Rome; en bas l'Arc de Triomphe de Septime Sévère; l'église assez élevée que l'on aperçoit à droite est Saint-Adrien, dans les anciens bâtiments du Sénat.

9—11. LE FORUM ROMAIN.

9. Le Forum vu du Capitole; de gauche à droite: Temple de Saturne; Temple d'Antonin et de Faustine; derrière, l'Eglise de Saints-Côme-et-Damien et l'immense Basilique de Constantin; plus loin à droite, Tour de Sainte-Françoise Romaine et Colisée.
10. Le Forum; au premier plan la Maison des Vestales; à droite, le Temple circulaire de Vesta, dans lequel les Vestales entretenaient le Feu sacré (il n'est pas visible sur la photographie).
11. Le Forum; au premier plan, la Basilique de Jules César (tribunal et marché).

12. Le Temple d'Adrien, divisé en deux parties, dont l'une est dédiée à Vénus, et l'autre à Rome. La partie visible est le Temple de Vénus; l'autre partie, située derrière, est le Temple de Roma.

13 et 14. COLISÉE.

13. L'Amphithéâtre Flavien, achevé en l'an 80 par Titus (Colisée).
14. Colisée. Intérieur.

15—22. VUES DES CATACOMBES.
(15—20. Catacombes de Callixte.)

15. Entrée à la Catacombe de Callixte, reproduction des fresques de la chapelle sépulcrale de Sainte-Cécile (9ᵉ siècle): le Christ, sainte Cécile, saint Urbain.
16. a) Représentation de la Sainte Eucharistie (2ᵉ siècle, d'après Wilpert volume II, planche 41).
    b) Scènes de la vie du prophète Jonas (2ᵉ siècle, Wilpert).
17. a) Jésus et la Samaritaine (2ᵉ siècle, Wilpert II, planche 29).
    b) Résurrection de Lazare (2ᵉ siècle, Wilpert II, planche 46).
18. La libération de Susanne et la condamnation de ses accusateurs (3ᵉ siècle, Wilpert II, planche 86).
19. Orante (3ᵉ siècle, Wilpert).
20. Le Bon Pasteur, et Bienheureux à la Fontaine d'eau vive (4ᵉ siècle, Wilpert II, planche 236).
21. a) Marie avec l'Enfant Jésus, au Cimetière Majeur (4ᵉ siècle).
    b) Le Christ avec les Apôtres. Catacombe de Domitille (4ᵉ siècle, Wilpert II, planche 148).
22. Les saints Corneille et Cyprien, sur le tombeau du pape saint Corneille. Catacombe de Lucine (Jean III, 560—574).

23—31. SOUVENIRS DU TEMPS DE CONSTANTIN.

23. Arc de Triomphe de Constantin, érigé en 312, après sa victoire sur Maxence, par le Sénat et le peuple.
24. La Basilique de Constantin (Tribunal et Marché), sur le Forum Romain. Commencée par Maxence, terminée par Constantin.
25. Basilique du Latran, église cathédrale du Pape. La façade principale actuelle a été commencée en 1735 par Alexandre Galilei.
26. Basilique du Latran, vue latérale; les tours sont de 1560, la Loggia de Domenico Fontana est de 1586; à gauche le Palais du Latran; à droite le Baptistère de Constantin, pendant longtemps seul baptistère de Rome.

27. Saint-Pierre.
28. Saint-Paul; reconstruit de 1824 à 1854 d'après le plan ancien, à la suite de
l'incendie de 1823; façade principale.
29. Saint-Paul; vue d'ensemble.
30. Saint-Paul. Intérieur; au-dessus des colonnes se trouvent les portraits de
tous les Papes, qui remplacent ceux détruits par l'incendie; quarante-deux
des anciens tableaux se trouvent au Musée du Monastère de Saint-Paul.
31. Basilique de Saint-Laurent, en dehors des murs de la ville; vestibule
d'Honorius III, vers 1220.

32—34. EGLISES CHRÉTIENNES REMPLAÇANT DES TEMPLES PAÏENS.

32. Basilique de Sainte-Sabine, sur l'Aventin; sur l'emplacement d'un temple
païen; intérieur.
33. Le Panthéon, temple païen transformé en église chrétienne; vestibule de
l'époque d'Agrippa (27 avant J.-C.), rotonde datant de l'empereur Adrien.
34. Le Panthéon. Intérieur.

35. L'Eglise des Saints-Côme-et-Damien sur le Forum Romain, installée dans
un monument classique.
36. L'Eglise de la Sainte-Croix-de-Jérusalem; dans l'Abside l'Invention de la
Sainte Croix (Ecole d'Ombrie).

37—41. RELIQUES ET RELIQUAIRES.

37. Sainte-Marie-Majeure. Reliques provenant de la crèche de Notre-Seigneur
(petits morceaux de planches).
38. a) Saint-Pierre-aux-Liens. Chaînes de saint Pierre.
b) Trésor du Latran. Reliquaire.
39. Le Latran. L'autel du Ciborium avec les saintes reliques exposées.
40. Reliques provenant du Trésor de Saint-Pierre. a) Relique de la Croix de
l'empereur Justinien; relique de la Croix de l'empereur Constantin; relique
de sainte Anne; reliques diverses; reliques de l'Apôtre saint Jacques.
b) Fragments d'os de saint Paul, de la tête de saint Luc, de saint Grégoire.
41. Reliques provenant du Trésor de Saint-Pierre: a) Doigt de saint Pierre (au

milieu); parcelle de la Croix (à droite); b) (de gauche à droite) Reliques
de saint Antoine de Padoue; deux épines de la couronne d'épines de Notre-
Seigneur; parcelles d'os de saint Laurent.

42—44. LES PLUS ANCIENNES EGLISES MARIALES DE ROME.

42. Sainte-Marie-l'Antique, construite dans la Bibliothèque du Temple
d'Auguste. C'est la plus ancienne église de Rome dédiée à la Sainte Vierge.

43. Sainte-Marie-Majeure, construite par le Pape Libère et dédiée à la Sainte
Vierge par Sixte III; c'est la plus grande des églises Mariales de Rome.
Le plan de la façade actuelle est de Fuga, 1743.

44. Sainte-Marie-du-Transtévère, antique église Mariale au delà du Tibre. La
façade date de 1140; le porche par Carlo Fontana est de 1702.

45. Sainte-Cécile, reconstruite par Paschal I. Le porche est du 12ᵉ siècle.

46—48. AUTRES ANCIENNES BASILIQUES DE ROME.

46. Sainte-Marie-in-Cosmedin. Intérieur. Elle a été reconstruite de 1891 à 1899
d'après le plan de 1123.

47. Eglise de Saint-Clément sur le Mont Cœlius, rebâtie à la fin du 11ᵉ siècle
après l'incendie de l'ancienne église sous Grégoire VII (Robert Guiscard!).
Vue d'ensemble.

48. Eglise de Saint-Clément sur le Mont Cœlius. Intérieur. Les ambons et les
balustrades du chœur (6ᵉ siècle) provenant des fouilles de l'ancienne église
située sous le parterre de l'église actuelle et découverte en 1861.

49—60. ANCIENNES MOSAÏQUES.

49. Eglise de Sainte-Pudentienne. Mosaïque absidale (Description p. 22).

50. Sainte-Marie-Majeure. Intérieur. Sur l'Arc de Triomphe, mosaïque de
Sixte III: scènes de l'enfance du Sauveur.

51. Saint-Paul, avec la mosaïque de l'Arc de Triomphe: le Christ et les
24 vieillards de l'Apocalypse. Dans les nuages, les symboles des quatre
Evangélistes.

52. Eglise de Saints-Côme-et-Damien. Mosaïque absidale (Description p. 25).

53. Eglise de Saint-Laurent. Mosaïque de l'Arc de Triomphe de l'ancienne

église située derrière. Elle devint le chœur de la nouvelle église: le Christ assis sur le globe du monde comme sur un trône; à sa droite: Pierre, Laurent et Pélage II (avec la maquette de l'église); à sa gauche: Paul, Etienne et Hippolyte; au-dessous, Jérusalem et Bethléem.

54. Eglise de Sainte-Agnès, hors les murs. Intérieur et mosaïque absidale: sainte Agnès; à sa gauche, le Pape Symmaque; à sa droite, le Pape Honorius I, avec maquette de l'église.

55. a) S. Stefano Rotondo. Saint Félicien, martyr, provenant de la mosaïque absidale (Description p. 23).
b) Sainte-Marie-in-Cosmedin. Sacristie. Marie et l'Enfant, provenant de la Chapelle de Jean VII, près de l'ancienne Basilique de Saint-Pierre.

56. Eglise des Saints-Nérée-et-Achilée. Intérieur. Sur l'Arc de Triomphe l'ancienne mosaïque de Léon III: Transfiguration du Christ; Annonciation; Marie et l'Enfant, gardés par les Anges.

57. Eglise de Sainte-Praxède. Arc de Triomphe et mosaïque absidale. Sur l'Arc de Triomphe, la Jérusalem céleste; sur la voûte absidale, l'Agneau de l'Apocalypse avec des Anges, les symboles des Evangélistes et les 24 vieillards; dans la conque absidale, le Christ avec des saints; au-dessous, l'Agneau divin et les douze agneaux; des deux côtés Jérusalem et Béthléem.

58. Eglise de Sainte-Cécile. Mosaïque absidale. Le Christ avec des saints et le fondateur Paschal Ier. L'Agneau divin et les douze agneaux.

59. Sainte-Marie-in-Domnica. Mosaïque absidale. En haut, le Christ assis entre deux Anges et les douze Apôtres. Sur le côté, deux prophètes. Dans la conque absidale, la Madone assise sur un trône, entourée d'Anges. A ses pieds, le fondateur, Paschal Ier.

60. Eglise de Saint-Marc. Mosaïque absidale. En haut, le Monogramme de Grégoire IV. Sur la voûte, le Christ avec des saints. L'Agneau divin et les douze agneaux, les saintes villes de Jérusalem et Béthléem.

61—67. VUES DE SAINTE-MARIE-L'ANTIQUE (Description pp. 24—27).

61. Cinq fresques d'époques différentes (p. 25).

62. a) Les Macchabées et leur Mère.
b) Tête de l'apôtre saint André.

63. Le groupe de la Crucifixion dans la Chapelle latérale de gauche (p. 26).

64. a) Théodote, Primicerius Defensorum (Haut-fonctionnaire pontifical) et
     Conservator (administrateur) de Sainte-Marie-l'Antique. Il tient dans
     ses mains la maquette de l'église qu'il fit restaurer (741); à gauche, le
     jeune martyr Quiricus (p. 26).
   b) Quatre saints martyrs «dont Dieu seul connait les noms». Ils portent
     chacun une croix et une couronne.
65. Tête d'Abbacyrus, martyr d'Alexandrie.
66. Le Christ assis sur un trône au milieu de saints (p. 27).
67. a) Les trois saintes mères: Marie et le Sauveur, Anne et Marie, Elisabeth
     et Jean-Baptiste.
   b) La Madone avec l'Enfant.

68 et 69. CRYPTE DE SAINT-CLÉMENT (p. 28).

68. La Madone sur un trône (5e ou 6e siècle). L'Enfant Jésus déjà grand tient
   le livre des Evangiles dans sa main.
69. a) Assomption de la Sainte Vierge; en haut, le Christ dans la gloire; au-
     dessous, Marie en prière; plus bas encore, les Apôtres; à gauche le fon-
     dateur, Léon IV.
   b) Le Christ enseignant entre Michel et Gabriel, Clément et Nicolas.

70 et 71. FORTERESSES MÉDIÉVALES DE ROME.

70. Le Château Saint-Ange (Tombeau de l'empereur Adrien) et le Pont du
   Château Saint-Ange.
71. «Tour de Néron», construite vers 1200; devant se trouve l'église de Sainte-
   Catherine de Sienne, avec une façade en style baroque de J. B. Soria, 1630.

72 et 73. CLOCHERS.

72. Eglise de Saint-Georges, dans l'enfoncement du Vélabre avec clocher (Description p. 34); à droite, servant à l'ornementation d'un carrefour, le
   «Janus Quadrifrons» du temps de Constantin; au bas, devant la tour, arc
   d'honneur style classique, dédié à Septime Sévère par les changeurs du
   marché au bétail du temps.
73. Sainte-Marie-in-Cosmedin. Extérieur. Clocher, le plus haut et un des plus
   beaux de Rome (p. 34).

86. Sainte-Françoise-Romaine. Mosaïque absidale. Madone et quatre saints. Chaque personnage est sous un cintre.

87. Basilique de Saint-Paul. Mosaïque absidale: le Christ enseignant entouré de Pierre, Paul, André et Luc. Au pied du Christ, le fondateur Honorius III, plus petit. Au-dessous, la Croix avec les instruments de la Passion, entre deux Anges et le reste des Apôtres et des Evangélistes. Sur les rouleaux, textes du Gloria de la Messe.

88. Basilique du Latran. Mosaïque absidale: le Rédempteur entouré de neuf Anges (4ᵉ ou 5ᵉ siècle). La Croix ornée de pierres précieuses, au-dessus de laquelle plane une colombe (le Saint-Esprit) se trouve sur une montagne, au bas de laquelle est représentée la Jérusalem céleste à une échelle beaucoup plus petite. Les quatre fleuves du Paradis (symboles des quatre Evangélistes) y prennent leur source; à leurs eaux se désaltèrent des cerfs et des agneaux. De gauche à droite: saint Paul, saint Pierre, saint François d'Assise (plus petit), Nicolas IV le fondateur (tout petit), la Vierge Marie, saint Jean-Baptiste, saint Antoine de Padoue (plus petit), saint Jean l'Evangéliste, saint André (le tout est du 13ᵉ siècle). Au-dessous, le Jourdain bordé de fleurs, avec des enfants qui se baignent et s'amusent en barques (13ᵉ siècle, d'après un modèle classique plus ancien); entre les fenêtres, les Apôtres.

89. Sainte-Marie-Majeure. Mosaïque absidale, Couronnement de Marie. Anges. A droite, saint Jean-Baptiste (devant lui, plus petit, le Cardinal Colonna, fondateur), saint Jean l'Evangéliste, saint Antoine de Padoue; à gauche, saint Pierre (devant lui, et plus petit, Nicolas IV), saint Paul, saint François d'Assise. Au-dessous le Jourdain; scènes de la vie de la Sainte Vierge; au-dessus du cintre, à gauche saint Matthieu, à droite, saint Jérôme.

90. Sainte-Marie-du-Transtévère. Intérieur. Mosaïque absidale (Description p. 35).

91. Sainte-Marie-Majeure. Mosaïque de l'ancienne façade, cachée par la nouvelle (voir photographie 43). La neige miraculeuse, qui, d'après la légende fut l'occasion de la construction de l'église par le Pape Libère.

92. Saint-Paul. Chapelle du Crucifix (14ᵉ siècle), Madone en mosaïque; c'est devant cet autel que le 22 avril 1541 saint Ignace de Loyola et ces compagnons prononcèrent leurs vœux.

93—95. FRESQUES DU 13ᵉ SIÈCLE.

93. Basilique de Saint-Laurent. Porche, fresques de 1217, représentant des
scènes de la vie de saint Etienne, de saint Laurent, du Pape Honorius III
et du saint empereur Henri II.
94. Eglise des Quatre-Couronnés. Chapelle de saint Sylvestre près de l'ancien
parvis; scènes de la légende de saint Sylvestre et de l'empereur Constantin.
95. Basilique du Latran. Boniface VIII promulgant le premier Jubilé (1300),
de Giotto.

96. Sainte Marie du Transtévère. Mosaïque absidale, de Cavallini; scènes de la
vie de la Sainte Vierge: Naissance du Sauveur et Adoration des Mages.

97—99. SOUVENIRS DES TEMPS DE L'EXIL À AVIGNON.

97. Statue moderne de Cola di Rienzo, par Masini, à la montée du Capitole.
98. Basilique du Latran, avec le Ciborium d'Urbain V, dans lequel sont con-
servés les chefs des saints Apôtres Pierre et Paul.
99. Montée du Capitole (à droite) et escalier de Sainte-Marie-in-Aracœli (à
gauche).

100—120. LE PALAIS DU VATICAN (voir pp. 38 suiv.).

100. Le Palais du Vatican, vu de la Place Saint-Pierre.
101. Le Palais du Vatican, vu du Mont Vatican; au premier plan la Chapelle
Sixtine.
102. La Cour des Suisses.
103. La Cour octogonale.
104. Les «Loges» de Raphaël (p. 44).
105. La «Chambre de la Signature» avec la Dispute du Saint Sacrament,
de Raphaël.
106. La Salle de Constantin: Victoire de Constantin sur Maxence au pont
Milvien, par Giulio Romano.
107. Salle de Constantin, fresque du plafond: «Le Triomphe de la Foi» par
Lauretti.
108. Salle Royale.
109. Salle Ducale.

Chromophotographies prises par
Ludwig Preiss, Munich

Direction éditoriale technique:
Dr. Rudolf Guby, Vienne

Chromotypographie:
«Hermes» Buch- und Kunstdruckerei, Ges. m. b. H., Vienne
Friedrich Jasper, Vienne
Christoph Reisser's Söhne, Vienne

Reliure:
Franz Lysakowski, Vienne